Chez les Pères

Pour la bonne cause tout
leur est permis : *A.M.D.G...*
PAUL BOURGET.
L'Étape.

CINQUIÈME ÉDITION

PARIS
L'ÉDITION MODERNE
AMBERT & Cie, 45, rue Lauriston

Tous droits réservés

Chez les Pères

Chez les Pères

Pour la bonne cause tout
leur est permis : *A . M. D. G...*
                PAUL BOURGET.
                    L'Étape.

CINQUIÈME ÉDITION

PARIS

L'ÉDITION MODERNE

AMBERT & Cie, 25, rue LAURISTON

Préface

Verba volant, scripta manent

Après le vote de la loi de juillet 1901 sur les « Associations », les Congréganistes, qui se sentaient plus spécialement visés et qui désespéraient d'obtenir l'autorisation requise, se décidèrent à quitter leurs maisons et à se disséminer en groupes de trois ou quatre religieux.

Ce déménagement obligea d'inspecter des recoins dont l'existence était à peine soupçonnée.

Dans un des plus célèbres couvents de Paris, un homme de confiance avait été préposé à l'enlèvement de la bibliothèque et des archives qu'on voulait mettre à l'abri de toute indiscrétion et de toute confiscation.

Au fond d'une annexe, il découvrit un dépôt de papiers.

Les frères coadjuteurs entassaient là, de temps immémorial, au fur et à mesure des événements, les manuscrits trouvés dans les cellules, quand la mort ou un changement de destinataire forçait de les déblayer.

Que faire de cette énorme quantité de paperasses dont on n'avait pas le loisir de vérifier la nature ? Le Supérieur ordonna de les brûler. Ce n'était pas une mince besogne et le temps pressait.

Après une demi-journée, le garçon de service chargé de cette exécution eut une idée : pourquoi ne pas vendre tout cela au chiffonnier ? Il s'épargnerait ainsi des heures de chaleur et de fumée et aurait un petit bénéfice. Grâce à ce raisonnement, éclos par malheur un peu tard dans cette cervelle, nous sommes devenus possesseurs d'une partie de ces papiers dont quelques-uns datent d'un demi-siècle.

Il y a de tout dans ce pêle-mêle : des sermons, des cahiers de théologie, des traités ascétiques, des coupures de journaux, des autobiographies, des recueils de textes et de maximes spirituelles, des brochures annotées, des épreuves d'imprimerie, des notes sur les sujets les plus disparates, des répertoires par ordre alphabétique, surtout d'innombrables lettres, isolées ou réunies en liasses, de tout format, de tout style et de toute provenance. Les collectionneurs de timbres feraient peut-être là une riche cueillette. La personne attelée à ce triage en a pour longtemps encore.

Une bonne partie de ces feuilles imprimées ou manuscrites ne méritent guère que les flammes auxquelles le brave Supérieur les condamnait en bloc; beaucoup cependant présentent un intérêt inattendu.

C'est ainsi que nous avons découvert dans un paquet grossièrement ficelé l'original d'une brochure qui eut son moment de vogue, les épreuves successives, les remarques des Pères chargés de réviser officiellement le texte primitif, les observations du Supérieur qui transmet les remarques à l'auteur, au nom du R. P. Provincial, enfin les changements de forme et de fond introduits à la suite de cet échange de vues.

On peut suivre ainsi les étapes de l'opinion d'un Jésuite et en constater les variations. Il y a loin entre la pensée

première et personnelle et l'écriture défi-
nitivement approuvée par la Société. Cet
opportunisme accommodant, pour lequel
là vérité semble chose secondaire, est très
caractéristique. Il enlève beaucoup de
poids au témoignage des écrivains de la
Compagnie, parce qu'on n'est jamais
sûr de leur sincérité.

L'Ordre ne laisse imprimer que ce qui
lui est utile. Quelques religieux plus
scrupuleux ou plus fiers se résignent au
silence plutôt que de signer ce qui n'est
plus l'expression de la vérité ; les autres
plus assouplis et plus friands de publi-
cité cèdent à toutes les exigences. Cette
versatilité sera célébrée comme une vertu
par les biographes de la Société ; c'est
une des formes de l'obéissance et la plus
méritoire de toutes. Le disciple de Loyola
ne doit-il pas être prêt, sur le bon plaisir de son Supérieur, à déclarer blanc
ce qui, après de longues investigations
personnelles, lui avait paru noir ?

Nous montrerons par des exemples
topiques combien cette héroïque abnégation du jugement propre fleurit plus que
jamais dans la Compagnie de Jésus. Que
ce soit une excellente disposition pour

écrire l'histoire, c'est une autre question.

Des parties de ce dépôt déjà explorées nous pourrions tirer plusieurs volumes. Il y a là des travaux évidemment préparés pour l'imprimeur. On se demande ce qui en a empêché la publication. Ils en valent beaucoup d'autres. Il ne s'agirait que de rapprocher les divers morceaux violemment séparés par les hasards des bouleversements.

Citons en ce genre un gros recueil d'Exhortations domestiques *adressées par quelque Père Spirituel à ses confrères, dans le libre abandon des causeries de famille. Là, bien loin des oreilles profanes, on parle sincèrement et sans indulgence. Nous les publierons bientôt, sous ce titre parfaitement justifié :* IDÉAL ET RÉALITÉ. *On y rencontre, en effet, des détails très précis et parfois assez « raides » sur la vie religieuse telle qu'elle est et telle qu'elle devrait être. Citons encore un volumineux dossier dans lequel on peut saisir au vif les divers modes de surveillance que la Compagnie exerce sur les choses et sur les personnes, sur les provinces, les résidences, les collèges et les particuliers, avec son cortège d'in-*

quisition intime et de dénonciation mutuelle. Une collection de lettres écrites à propos des retraites ecclésiastiques prêchées par des Pères en plusieurs diocèses ou des Exercices spirituels donnés çà et là, dans des maisons spéciales, à diverses catégories de personnes, nous retrace les mœurs du clergé et du monde dévot. Notons la copie d'une longue et belle dissertation de Mgr d'Hulst, après huit jours passés à la solitude de Clamart. Autant de séries qui ne manqueraient ni de piquante actualité ni d'intérêt solide.

Dans un siècle où l'on recherche par-dessus tout le réalisme vivant et le document humain, il y à là une mine précieuse, presque inépuisable. Ce qui au premier abord avait paru insignifiant s'éclaire par le voisinage et peut acquérir une importance considérable en aidant à reconstituer l'existence d'un religieux vers la fin du XIXe siècle, non point telle que se l'imaginent la haine et la sottise, ou telle qu'on nous la peint dans des biographies mensongères ou des apologies intéressées, mais telle qu'elle s'écoule dans l'intimité sans apprêt des

préoccupations et des relations quoti-
diennes.

C'est pourquoi nous avons résolu de
remettre un jour ces originaux soigneusement classés, catalogués et reliés à un
de nos dépôts publics, où ils seront à
l'abri de toute soustraction et de toute
falsification. Que ne donnerait-on pas
pour avoir un ensemble pareil de renseignements sur les monastères des siècles passés? Il faut laisser couler quelques années encore, avant qu'on puisse
livrer à tous tant de pièces où la mali-
gnité trouverait à s'exercer aux dépens
de l'honneur et des secrets des familles
françaises. A défaut de légalité stricte,
les convenances commandent cette réserve et cette attente.

Les échantillons qu'on va voir dans
ce premier volume nous ont paru offrir
une lecture instructive et inoffensive.
Nous n'avons imprimé que les initiales.
Quelques-uns de ceux qui ont écrit ces
lettres ou dont il est fait mention sont
déjà morts et auraient pu être nommés
sans inconvénient. Nous n'avons pas
cru devoir faire d'exception à la règle
que nous nous étions imposée. Nous

pourrons changer d'avis. Les vivants se reconnaîtront sans peine et rectifieront, s'ils le jugent à propos.

On n'entendra, en général, qu'un des interlocuteurs de ces dialogues épistolaires. C'est une grave lacune et une source d'obscurités. Il eut été piquant de mettre en regard la pensée des deux correspondants. Peut-être ne serait-il pas toujours impossible de retrouver la partie que l'on regrette; mais cette chasse demanderait plus de temps que nous ne pouvons lui en consacrer. Si quelques détenteurs de missives échangées voulaient nous communiquer leurs trésors, nous leur en serions reconnaissants et nous nous empresserions de faire part au public de leurs confidences, dans la mesure où ils jugeraient opportun de nous y autoriser.

Pour apprécier notre publication il ne faut pas considérer ces lettres en elles-mêmes ou en examiner la forme littéraire. Que nous importent les faits individuels dont elles sont pleines ou la façon plus ou moins élégante dont les idées sont présentées ?

L'intérêt ici est autre; il est tout entier

dans la valeur suggestive de ces morceaux, dans leur représentation docu-
mentaire.

Les Religieux en général, les Jésuites
en particulier, occupent une large place
dans les discussions et les controverses
contemporaines. Les pamphlets et les
panégyriques se croisent, comme des
projectiles dans les batailles. Les auteurs
ou orateurs se préoccupent moins de la
justice et de la vérité que de l'effet immé-
diat. On ne doit pas plus se fier au R. P.
du Lac ou à M. de Mun qu'à M Bris-
son ou aux rédactrices de la Fronde. Il
n'y a de part et d'autre que des avocats
passionnés plaidant pour leurs clients;
il n'y a pas d'historien impartial et dé-
sintéressé. Plusieurs parlent peut-être
sans bonne foi de ce qu'ils ne connaissent qu'imparfaitement.

Que sont, en réalité, ces hommes autour
desquels on se bat? Que font-ils? Que
pensent-ils? Quel est le monde où ils
fréquentent plus assidûment et où leur
parole trouve plus d'écho? Quels conseils
donnent-ils? Quelle est leur action sur
les élèves de leurs collèges, sur les pénitentes qui s'agenouillent à leurs confes-

sionnaux, sur les dévotes qui se pressent dans leurs parloirs ?

Quelle influence exercent-ils sur les familles où ils se sont glissés et sur les classes qui leur demandent des oracles ? Quelle est leur direction religieuse, leur tendance politique, leur doctrine économique, leur idéal social ? Quelles sont leurs relations préférées, apparentes et réelles, avec les catholiques militants, avec les prêtres, les évêques, le Pape, avec les divers partis qui se disputent la France ? En un mot quel est leur esprit, quelle est leur fin secrète, quels sont les moyens par lesquels ils y tendent ?

Ce volume n'a pas la prétention de donner une solution directe et péremptoire à ces questions ; il en suggérera peut-être le sens et les éléments. Il fournira au lecteur avisé des prémisses dont il lui sera permis de tirer une conclusion.

En se plaçant à ce point de vue, qui est le nôtre, il n'y a pas jusqu'à la variété du ton et des formules qui ne contienne quelque indication.

L'obséquiosité pieuse, la politesse mondaine et l'impertinence familière sont également significatives ; elles correspondent à trois classes de relations, de sentiments et d'états d'âme.

On objectera peut-être que ces lettres sont des exceptions et qu'elles ne représentent point avec une exactitude indiscutable le milieu d'où elles viennent et où elles vont. L'objection est habile. Nous pensons qu'un observateur indépendant saura bientôt à quoi s'en tenir. L'induction est ici facile autant que légitime.

Dans un ordre si nombreux, si ondoyant et si souple on doit rencontrer des esprits, des caractères et des mœurs très différents. Pascal en a fait la remarque. Il s'agit de discerner ce qui domine et ce qui se retrouve plus communément. Le P. Millériot et le P. Félix sont des exceptions comme le P. Dufour d'Astafort et le P. Godard. La masse oscille entre ces extrêmes.

Quoiqu'il en soit, nous donnons les pièces sans imposer et sans même proposer notre jugement. On ne saurait exiger davantage de notre impartialité.

E. D.

Chez les Pères

I

Mon Révérend Père,

La bonté avec laquelle vous m'avez écoutée cette après-midi, au parloir, m'encourage à revenir sur le sujet qui nous a occupés et à préciser quelques points importants pour la réussite de nos projets.

Il est temps que mon scélérat de fils se marie; dans quelques années il ne serait plus jeune; d'ailleurs la vie de garçon lui pèse; il désire avoir un intérieur où il trouvera les joies que rien jusqu'ici ne lui a données.

Il est las de cette existence agitée; tout ce qui l'attirait autrefois ne lui inspire que dé-

goût; son unique ambition, son besoin impé-
rieux, c'est d'avoir un foyer, de se plonger dans
la paix et l'intimité de la famille.

Le pauvre garçon vaut mieux que les apparences et que sa réputation. Je ne crois pas
m'aveugler et le flatter en disant qu'il est bel
homme, distingué, spirituel, adroit à tous les
sports, très entendu en affaires, loyal et plein
de cœur. Son grand tort a été d'être trop
confiant, trop séduisant, de jeter son affection
et son argent par les fenêtres. Mais au milieu
de cette dissipation il a gardé ses bons sentiments et une jeunesse d'âme que ceux-là
même qui croient le connaître ne soupçonnent
pas. Les airs de sceptique et de blasé ne sont
qu'un masque et il lui tarde de le jeter.

De cette folie il ne restera qu'une solide
expérience du monde et de ses mensonges. Il
lui sera d'autant plus facile d'être sage désormais, qu'il saura mieux par lui-même ce qu'il
y a de déboires dans les amusements tapa-
geurs et la gloriole à la mode.

La sève folle épuisée, Victor fera un excellent mari; il est du bois dont on les fabrique.
Il adorera sa femme; il s'ingéniera à lui plaire,
à la rendre aussi heureuse que possible : il y
mettra tout son savoir-faire et tout son cœur,
c'est plus qu'il n'en faut pour réussir.

Si Dieu lui donne des enfants, il les élèvera de façon parfaite, et, pour être sûr de mieux y arriver, il vous les confiera, suivant la tradition invariable et séculaire de tous les siens.

En vous occupant de cette affaire, mon Révérend Père, vous contribuerez à fonder une famille chrétienne et française, à perpétuer une race dévouée à l'Église et à la patrie. C'est peut-être ce dont notre pauvre pays a le plus besoin. L'œuvre est donc digne de votre zèle; et je sais que vous la mènerez à bon terme, si vous l'entreprenez. Ce sera le complément de l'excellente éducation que vous avez donnée à Victor et dont il a fièrement gardé le souvenir et les principes.

Rendez ce service à votre élève et donnez cette consolation à une vieille maman ; il me semble que je m'en irais contente si je voyais enfin ce devoir rempli et ce vœu réalisé.

Je recommande tout cela à votre sagesse et à vos prières.

Afin que le bon Dieu nous exauce, je vous envoie cent francs pour vos pauvres et pour vos œuvres. C'est le denier de la veuve !

Veuillez me bénir, mon Révérend Père, et agréer les remerciements de votre respectueuse et reconnaissante

E. DE G.

II

Mon Révérend Père,

Je suis heureuse que vous preniez à cœur ma demande. Vous avez beau ajouter que vous ne pouvez rien; je ne vous crois pas. Vous avez la bonne volonté; je suis tranquille pour le reste.

Que désirons-nous? Nos visées ne semblent pas trop hautes. Vous connaissez la famille et la personne de Victor. Un beau nom et un excellent cœur, c'est ce qu'il a de mieux à offrir. Quant à la fortune, elle n'était pas considérable lorsque mon mari est mort, et je n'ai pas besoin de vous dire que l'héritage paternel a passé en d'autres mains; cela est malheureusement de notoriété publique.

S'il y a quelques dettes, ce que je laisserai les paiera largement; mais je ne puis ni ne veux me dépouiller avant l'heure. Je me sens assez d'amour et de dévouement pour faire ce sacrifice, si je le jugeais utile; mais des conseillers en qui j'ai toute confiance m'en ont dissuadée comme d'une suprême imprudence.

Vous-même, mon Révérend Père, vous ne seriez pas d'un autre avis; je connais trop votre sagesse et votre expérience de la vie pour avoir le moindre doute là-dessus.

Celle qui épousera mon fils ne le prendra point pour son argent; sa situation a au moins l'avantage de lui donner cette certitude! Il lui faut une jeune fille riche. Ce n'est pas cupidité; mais vous devinez les raisons. Avec son caractère, ses habitudes, ses charges présentes et à venir, Victor ne peut se passer d'amples revenus. Il est fort capable de se contenter de peu pour sa personne; mais il souffrirait trop de ne pouvoir satisfaire les désirs, même les caprices de sa femme et de ne pas répandre un peu de bonheur autour de lui. Le cher enfant est né la main ouverte. Il doit faire honneur à son nom et à son titre; d'autre part le château et le parc exigent de grands frais d'entretien; sans cela, c'est la pire des misères. Avec des revenus convenables, une jeune femme sera là-dedans comme une abeille dans un parterre de fleurs.

Il serait déraisonnable de tout exiger à la fois. La nécessité d'avoir une bonne dot nous rendrait coulants sur d'autres points; j'entends sur ce qui n'est point essentiel. Victor a là-dessus des idées larges, que nous aurions moins facilement acceptées autrefois.

Lors même qu'il n'y serait pas moralement forcé, je crois qu'il n'aurait pas de répugnance à prendre sa femme dans un autre monde que le sien. Ce mélange des classes et des races est dans ses idées; l'on doit, suivant lui, regarder les personnes plutôt que les hochets dont on a paré leur berceau.

Qu'il ait plus ou moins raison, en théorie, nous ne devons pas hésiter, dans la pratique, et nous accepterons à cœur ouvert, d'où qu'elle vienne, une jeune fille qui nous apportera les éléments indispensables du bonheur.

Regardez autour de vous, mon Révérend Père, et priez vos nombreux amis de vous prêter au besoin leurs yeux pour découvrir la fée de nos rêves. Elle existe certainement quelque part. Elle sera heureuse en faisant des heureux.

En attendant cette apparition, qui tarde hélas! beaucoup, je vous prie, mon Révérend Père, d'agréer avec ma profonde reconnaissance mes respectueuses salutations.

E. DE G.

III

Mon Révérend Père,

Une idée m'est venue à la suite de notre dernier entretien ; il faut que je vous la communique.

Parmi les jeunes filles à marier se trouve Mlle B... Elle est orpheline depuis longtemps et a été élevée par sa tante, dont elle est l'unique nièce et dont elle sera évidemment l'héritière. Elle est déjà riche sans cela. Cette fortune, ramassée dans diverses industries, est venue un peu de tous côtés, toujours honorablement. La parenté se compose de petites gens, mais sur lesquels il n'y a rien à dire.

L'orpheline est charmante ; je l'ai constaté de mes yeux. Plusieurs personnes, qui l'ont vue souvent et dans l'intimité, ne tarissent pas d'éloges sur ses qualités d'esprit et de cœur. Douce, enjouée, vaillante, pleine de tact.

Au Sacré-Cœur, où elle a été particulièrement soignée par ces Dames, elle avait tous les prix et dépassait ses compagnes. Avec cela très aimable et très aimée. Beaucoup de

musique, assez de peinture, parlant parfaitement l'anglais, montant à cheval comme la
fille d'un Centaure. Elle n'a qu'un défaut :
c'est qu'avec tant de qualités, elle va être
poursuivie de cent demandes par la fleur de
nos gentilshommes !...

Pourquoi mon Victor ne se mettrait-il pas
sur les rangs ?. . Il lui manque quelques sacs
d'or ; mais elle en a pour deux et quand on
est riche on doit avoir l'ambition de faire des
heureux, en commençant par son mari.
Au bout de six mois, avec quelques leçons,
ce serait une comtesse ravissante, dont on
raffolerait à Paris et en province. Mon fils
a précisément ce qu'elle doit désirer. A eux
deux ils feraient un ménage merveilleusement
assorti.

Il est bien entendu qu'elle serait maîtresse
dès le jour même des noces et que je m'efface-
rais complètement. Comment réaliser ce rêve
de bonne maman ?

... Je compte sur vous pour cela, mon Révérend Père, et voici pourquoi...

Mlle B... a conservé de fréquentes relations avec les Dames du Sacré-Cœur, en particulier avec la Mère de C... Je le sais de
source sûre. La Mère de C... fera de son
élève ce qu'elle voudra ; peu s'en est même

fallu qu'elle n'en fît une novice ; mais la tante, quoique dévote, n'a pas consenti ; d'ailleurs la jeune fille a trop de vie et de tempérament pour le cloître.

Ayez la bonté de recommander un peu chaleureusement mon Victor à la Mère de C... et tout est gagné. Elle se mettra en quatre pour vous faire plaisir et ne s'arrêtera qu'après avoir réussi.

Comme vous le voyez, notre sort à tous est entre vos mains et vous n'avez que quelques mots à dire pour faire une foule d'heureux. La tante elle-même sera facile à conquérir ; Victor, s'il peut l'aborder, la séduira et en fera son meilleur auxiliaire.

Mes projets n'ont rien de machiavélique. Je les confie à votre zèle, à votre dévouement pour nous et à votre savoir-faire, dont vous m'avez déjà donné tant de preuves.

Je vous envoie une petite aumône ; ayez la bonté de dire une messe en l'honneur de N.-D. de Lourdes, pour que le miracle que nous désirons s'accomplisse.

En attendant, veuillez agréer, mon Révérend Père, avec mes excuses, mes remerciements les plus respectueux.

E. DE G.

IV

Mon Révérend Père,

Je n'ai pas sur Mlle B... toute l'influence que vous me supposez.

C'est une excellente enfant ; mais, sous un air enjoué, elle cache un esprit réfléchi, une finesse avisée, et une volonté passablement ferme.

Je ferai mes efforts pour faire aboutir les projets auxquels vous vous intéressez si vivement, et j'espère qu'avec le temps nous arriverons.

Je crois qu'il vaut mieux ne pas parler ici de tout cela à d'autres.

Ayez la bonté de venir me voir dès que vous le pourrez ; nous causerons de votre protégé et nous combinerons nos plans.

Je me recommande à vos prières et à vos Saints Sacrifices, et je vous prie, mon Révérend Père, de me donner votre bénédiction.

M. DE C.

Rel. S.-C.

V

Mon Révérend Père,

Je n'ai pas l'honneur d'être connue de vous; je vous prie donc de me permettre de me présenter moi-même.

Je suis depuis plusieurs années l'institutrice, je n'ose dire l'amie de Mlle B... que sa tante m'a confiée.

L'une et l'autre ont été, en plusieurs circonstances pénibles, très bonnes pour moi et pour les miens. Ce m'est un devoir de reconnaissance de leur être utile dans la mesure de mes moyens. Je regarderais comme une trahison d'y manquer. Ceci posé, j'aborde directement la question.

J'apprends par accident que la Mère de C... s'est mis en tête de marier Mlle B... Il n'y aurait pas grand mal à cela — quoique les religieuses aient, à mon humble avis, autre chose à faire — si cette bonne Dame ne s'était avisée de donner pour mari à son ancienne élève le dernier des hommes auxquels elle aurait dû songer.

V. de G... a un titre et des ancêtres. C'est quelque chose ; mais ce n'est pas suffisant pour compenser ce qui lui manque.

Pauvreté n'est pas crime ; cependant lorsqu'on a gaspillé une fortune, comme il l'a fait, la ruine n'a rien d'intéressant.

Je n'insiste pas là-dessus. La réputation de ce pauvre sire est encore plus avariée que son patrimoine. On peut payer des dettes ; on ne répare pas certaines brèches faites à l'honneur. Tout ce qu'on peut espérer, c'est le pardon de Dieu et la pitié, tout au plus l'oubli des hommes.

Victor de G... n'est plus jeune, et ce ne sont pas les années qui l'ont vieilli. Je ne parle pas de l'âme, qui est invisible ; mais le corps est usé jusqu'à la corde et au delà.

Cette élégance vermoulue ne se soutient que par artifice ; on peut s'attendre d'un moment à l'autre à ce que tout s'effondre. Parlons net : M. de G... n'est pas mariable, encore moins physiquement que moralement. Il ne peut communiquer à sa femme et à ses enfants que le poison dont il est infecté.

Un changement est possible et il faut savoir quelquefois fermer les yeux sur le passé. Ce n'est pas le cas. Les désordres de M. de G..., sont aujourd'hui moins brillants qu'autrefois ;

en réalité ce sont les mêmes ou de pires.

Rien n'est ignominieux comme la débauche qui paie d'expédients et de cynisme les vices dont elle a besoin.

M. de G... en est là depuis longtemps, et c'est avec une profonde répugnance que ses anciens compagnons acceptent sa poignée de main, lorsqu'ils n'ont pas réussi à l'esquiver.

Que peut-on espérer d'un libertin décrépit qui entretient de tristes liaisons au moment même où il fait demander une jeune fille en mariage?...

M. V. de G... et sa mère n'ont en réalité qu'un désir : avoir la fortune de Mlle B... Peu leur importe que ce soit aux dépens de l'honneur, de la santé, de la vie même de cette enfant.

N'est-ce pas une monstruosité?...

Qui serait assez fou pour ramasser un titre dans cette fange et sacrifier son bonheur à la vanité?...

Assurément, mon Révérend Père, la Révérende Mère de C... ne se doute point de tout cela ; elle ignore la situation où se débat le misérable ; mais elle devait commencer par faire une enquête sérieuse. Il lui aurait été aisé de découvrir, comme je l'ai fait moi-même, assez de vérité pour être épouvantée

2.

du malheur qu'elle prépare, sans le savoir, à une orpheline qui a confiance en elle et qui s'en croit sincèrement aimée.

Je n'exagère rien; bien au contraire. Il vous est facile de vous en convaincre.

La Mère de C... est pleine de déférence pour vous, mon Révérend Père; un mot de votre part suffira pour lui ouvrir les yeux et l'empêcher de jeter dans un affreux bourbier une pure et charmante enfant. Hâtez-vous de le dire.

J'aurais déjà parlé moi-même, si des circonstances délicates ne me condamnaient à une grande réserve et si je ne craignais pas d'être taxée de crédulité et de calomnie.

Je suis résolue pourtant à faire la lumière, si elle ne vient pas d'ailleurs, et à empêcher une union qui serait un crime. Arrivera ce qui pourra; j'aurai obéi à ma conscience.

Veuillez me pardonner, mon Révérend Père, cette longue lettre et agréez les respectueux hommages de votre humble servante

A. T.

VI

Mon Révérend Père,

J'ai cru un moment que tout était compromis. M^llo A. T... institutrice de M^llo B..., craignant sans doute de perdre sa place et son influence, s'est mise à révéler toute sorte d'horreurs sur ce pauvre V. de G... Comme elle est intelligente, elle aurait finalement réussi à tout brouiller, si M^mo de G..., mise au courant, n'avait trouvé un moyen de faire donner un congé temporaire ou définitif à cette conseillère intempestive. Enfin nous voilà délivrés et sur le point, je crois, d'aboutir.

M^llo B... est un peu nerveuse, à la suite de ces cancans; aussi je crois bon de la faire venir au couvent pendant quatre ou cinq jours; elle y reprendra, dans le calme et la retraite, sa belle confiance et sa bonne humeur. J'ai préparé toute une série d'occupations pour la distraire et la mener doucement jusqu'à la conclusion. Vous pouvez être tranquille; à moins de complications extraordinaires, tout ira bien. Cette bourrasque nous avertit seulement qu'il faut se hâter de pousser le navire au port.

Quand reviendrez-vous nous voir ?... Vos visites sont bien espacées ; elles nous font tant de plaisir ! J'ai personnellement une infinité de choses à vous dire, c'est pourquoi il vaut mieux ne pas commencer.

Je me recommande à vos bonnes prières et à vos Saints Sacrifices, mon Révérend Père, et je vous prie de bénir votre servante en N.-S.

M. DE C.

Relig. S. C.

VII

Mon Révérend et cher Père,

Enfin c'est fait ! Le contrat de mariage sera signé demain et l'avenir de mon pauvre Victor assuré.

Mlle B... et sa tante ont bien fait les choses. Mon fils s'est surpassé pendant ces derniers jours ; mais nous avons eu de chaudes alertes.

Je ne puis vous dire encore quel jour aura lieu la cérémonie religieuse. La date dépendra des loisirs et de la bonne volonté de Mgr L... qui bénira nos jeunes gens. J'aurais été heureuse de vous avoir à sa place; mais il y a des nécessités auxquelles il faut se soumettre.

Je n'oublierai jamais, mon Révérend Père, que c'est à vous et à la très dévouée Mère de C... que nous devons ce grand bonheur. Comment vous en remercier comme il conviendrait et comme nous le désirerions? Veuillez achever votre œuvre en priant Notre-Dame-de-Lourdes de bien protéger nos jeunes mariés.

Je voudrais pouvoir deviner ce qui vous ferait plaisir; mais je n'ai pas ce don et je n'ose vous interroger.

Veuillez donc accepter ce billet de mille francs que mon fils vous envoie pour vos œuvres, comme une faible marque de la reconnaissance dont nous conserverons toujours le vif sentiment au fond de nos cœurs.

Votre respectueuse et dévouée

E. DE G.

VIII

Mon Révérend Père,

Je viens de recevoir deux lettres ; la première de Mlle B... Elle m'annonce l'envoi d'un ornement d'or, comme souvenir de son mariage. La chère enfant paraît vraiment contente. Dieu veuille que la lune de miel dure longtemps et que rien de grave ne vienne troubler la paix de ce nouveau ménage.

Je n'y pense pas sans quelque tremblement. Il est rare que les vieux libertins se convertissent tout à fait et qu'ils ne reviennent pas tôt ou tard à leurs vilaines habitudes. V. de G... aurait mille fois tort, car il a une femme délicieuse et qu'il ne pouvait raisonnablement espérer. Sa grosse fortune et sa bonne grâce sont encore ce qu'il y a de moins enviable dans sa petite personne.

La seconde lettre est de Mlle A. T... l'institutrice que vous savez et qu'on a été obligée de remercier. Elle proteste que ce n'est par aucune vue d'intérêt personnel, mais uniquement par le désir d'épargner à son élève une catastrophe irréparable, qu'elle a essayé de lui faire connaître ce qu'est l'homme qu'on lui a fait prendre pour mari. Tout en m'affirmant qu'elle désire de tout son cœur que ses craintes soient vaines et que l'avenir lui donne le plus complet démenti, elle maintient et aggrave encore, s'il est possible, ses accusations.

J'avoue que la teneur et l'accent de sa lettre ont fait impression sur moi et ont jeté des nuages sur le bleu de ces belles journées. J'ai beau faire effort; je ne puis parvenir à ne plus y penser. Si par hasard elle était dans le vrai ?...

Pardon, mon Révérend Père, pour ces sombres pressentiments qui ne sont guère de saison. Venez nous voir; votre présence et votre entretien me remettront du soleil dans l'âme.

J'ai un long questionnaire à vous soumettre; apportez toute votre patience et toute votre charité.

Priez pour moi et bénissez-moi.

M. DE C.

Rel. S.-C.

IX

Mon Révérend Père,

Madame E. de G... m'a fait appeler au parloir avant-hier. Elle m'a appris que sa belle-fille avait de sérieux motifs d'espérer le bonheur d'être mère.

A mes questions sur le jeune couple elle a répondu de façon évasive et assez embarrassée. L'impression que sa visite m'a laissée est pénible et je redoute de ce côté quelque amère déception. Le silence de ma pauvre enfant m'épouvante. Un malheur est dans l'air... Prions pour que Notre-Seigneur le détourne. J'ai bien besoin que vous veniez me rassurer et me consoler.

M. DE C.

Rel. S.-C.

X

Mon Révérend Père,

La catastrophe que nous redoutions vaguement vient d'éclater, plus douloureuse et plus écrasante que nous ne pouvions le soupçonner.

Ce Victor de G... auquel nous avons livré la pauvre et chère B... est un monstre. Au moment même où il nous faisait de si belles déclarations, il fréquentait des gourgandines ; depuis son mariage, ces relations n'ont pas cessé un seul jour. Sa femme ne peut avoir aucun doute ; le bandit, se voyant découvert, n'a pas rougi de s'en vanter.

Ce qu'il a voulu, c'est la fortune de Mlle B... Il l'a, et il prétend qu'on ne la lui arrachera pas.

Ceci est accessoire. Ce qui est odieux, ce sont les mauvais traitements, les avanies, l'abandon et la honte dont la pauvre femme est victime. On n'ose redire jusqu'où va le cynisme du bourreau. Non seulement les paroles, mais les actes sont du plus effronté débauché. On dirait que le misérable prend plaisir à étaler ses turpitudes passées et présentes pour braver et torturer sa femme.

Celle-ci est décidée à en finir et à briser un joug intolérable. Elle ne veut pas divorcer, parce que sa conscience le lui défend et aussi par dévouement à son enfant, et par respect pour sa famille; mais elle va demander une séparation amiable, si c'est possible, judiciaire, si elle ne peut faire autrement. Dans le premier cas elle consent à faire à son mari une pension de quinze et même de vingt mille francs, à la condition qu'il la laissera tranquille et qu'elle restera seule maîtresse de son enfant.

V. de G... acceptera certainement, parce qu'il y trouve son intérêt.

Les faits relevés contre lui sont décisifs et tout prouvés; on n'a malheureusement que l'embarras du choix. Il est sûr d'être condamné durement. Que deviendrait-il alors, puisqu'il n'a pour vivre que l'argent de sa femme?...

L'inconvénient de cette séparation légale, c'est de préparer le divorce au bout de trois ans.

La belle-mère a joué un assez triste rôle en toute cette affaire; on l'excuse parce qu'on la suppose aveuglée par le désir légitime de voir son fils établi.

On serait plus sévère pour vous, mon Révérend Père, et pour moi, si on savait l'influence
prépondérante que nous avons eue sur la décision de la malheureuse fille, surtout si on
savait que nous avons été avertis par l'institutrice et qu'au lieu de tenir compte de ses
révélations, nous l'avons fait chasser ; on ne
manquerait pas de nous attribuer cette mesure.

Quelles sont les pensées de la victime ? je
n'ai pu le savoir au juste, car depuis longtemps
elle ne m'a donné aucun signe de vie. J'aurais
mieux aimé des éclats de colère que ce silence.
Je connais la malheureuse femme et je devine
tout ce qui doit bouillonner dans son cœur.
Elle nous croit plus coupables que nous ne le
sommes ; elle attribue à des calculs intéressés
ce qui est la suite de notre imprudence et de
notre désir d'être utiles à un indigne personnage.

Elle a écrit une lettre d'excuses à son institutrice et l'a priée, avec insistance, de revenir auprès d'elle. Celle-ci a refusé ; on m'a dit
qu'elle avait même plaidé en ma faveur les
circonstances atténuantes ; mais on lui a imposé silence sur ce point.

J'ai cru, mon Révérend et cher Père, devoir
vous écrire toutes ces choses, quoique peu

agréables. Il est préférable que vous soyez au courant de la situation, afin d'éviter des maladresses et d'atténuer les suites fâcheuses de cette triste aventure.

Je vous donne peu de détails et je vous écris à bâtons rompus au milieu des interruptions; mais vous connaîtrez le principal. Venez me voir dès que vous le pourrez ; je vous fournirai les renseignements que je ne puis mettre par écrit et nous examinerons ensemble ce qu'il y a de mieux à faire.

En attendant, priez pour moi et bénissez-moi.

M. DE C.
Rel. S.-C.

XI

Mon Révérend Père,

Ce n'est pas sans crainte et sans de longues réflexions que je m'enhardis à vous écrire ce qui suit ; mais vous m'avez souvent recommandé de vous ouvrir simplement toute ma conscience ; je veux vous obéir, quoiqu'ilm'en coûte. Si, après m'avoir lue, vous me traitez de visionnaire et de folle, je n'en serai pas étonnée ni fâchée.

Vendredi dernier était mon jour d'adoration nocturne. Bien que je fusse souffrante, je me suis acquittée exactement de toutes les pratiques prescrites. Je n'avais presque rien pris de toute la journée.

A onze heures, j'ai commencé ma méditation dans ma chambre, à genoux, bien résolue à la poursuivre de mon mieux jusqu'à minuit. J'avais pris pour sujet *les amabilités de Jésus* et j'avais lu attentivement, pour ma préparation, quelques chapitres des œuvres de la B. Marguerite-Marie.

Après une demi-heure de contemplation, je me sentis envahir tout à coup par je ne sais quelle langueur délicieuse, accompagnée d'une sorte d'illumination intérieure. En même temps il me semblait entendre une voix très douce qui m'appelait et respirer une odeur d'une suavité fortifiante. Malgré moi et quoique je fisse effort pour fixer mon esprit sur le sujet de ma méditation, j'étais ravie hors de moi. Cette espèce de lutte a duré quelques minutes, autant que je puisse me rappeler, après lesquelles j'ai vu, tout à la fois des yeux du corps et des yeux de l'âme, une figure

céleste s'approcher de moi et s'arrêter à quelques centimètres de mon visage, entre le mur
et le dossier de mon prie-Dieu. C'était le Sacré-Cœur tel que je l'ai vu plusieurs fois re-
présenté ; mais le Sacré-Cœur transfiguré et
jetant des rayons. Je n'éprouvais pas de
frayeur, mais une sorte d'anxiété haletante
qui se traduisait, sans doute, par une interro-
gation intérieure, car Jésus me répondit très
distinctement : « Ne crains rien ; c'est moi ».
En même temps il entr'ouvrit son vêtement
lumineux et me montrant son Cœur vermeil,
sur le côté gauche de la poitrine, il m'invitait
à y porter mes lèvres et à le baiser. C'est ce
que je fis avec un profond respect. A peine
l'eus-je touché que je sentis un frisson à la
fois très pénétrant et très doux ; c'était comme
si une flamme subtile avait effleuré tout mon
être au dedans et au dehors. Sous la commo-
tion, mes yeux s'étaient fermés ; quand je les
ai rouverts, tout avait disparu.

Il ne me restait qu'une fatigue sans douleur
dans le corps et surtout aux yeux ; mon esprit
était retombé dans une sorte d'obscurité,
comme après un éclair. Je sentais dans mon
cœur un amour intense qui me poussait à
m'offrir tout entière, à accepter plusieurs choses très pénibles pour moi et que j'avais jus-

que-là repoussées. C'est ce que je fis, en demandant à mon divin Maître de me donner la grâce nécessaire pour accomplir toujours toute sa très aimable et très sainte volonté. Depuis, malgré bien des tentations et quelques défaillances, il me semble que j'ai tenu la promesse faite à mon Bien-Aimé, en ce moment d'ineffable consolation.

Voilà, mon Révérend Père, autant que je sais le décrire, ce qui s'est passé. Est-ce une illusion ? Est-ce une grâce que je ne mérite certainement pas ?... C'est à votre sagesse d'en juger ; vous êtes mon directeur et mon guide et je suis prête à croire et à faire tout ce que Dieu vous inspirera de me dire et de m'ordonner.

Priez pour moi, mon Révérend Père, au saint Autel surtout, et bénissez votre respectueuse et docile servante

Fr. DE R.

XII

Mon Révérend Père,

Je suis depuis longtemps dans une grande angoisse. Permettez-moi de recourir à votre charité pour en sortir. Voici mon cas brièvement et fidèlement exposé.

Après cinq ans d'un mariage assez malheureux, j'ai rencontré un ami d'enfance. Je n'ai pas tardé à nouer avec lui des relations intimes.

Mon mari ne s'est jamais douté de cette liaison et il croit être le père de mon dernier-né, comme des autres.

Mon directeur, tout en me recommandant de ne jamais rien laisser transpirer de cette irrégularité, veut que je m'efforce, par des économies sur mes dépenses personnelles, de réunir une partie de l'héritage de cet enfant, afin que ses frères ne soient point lésés, puisque la plus grosse part de notre fortune vient de mon mari.

D'après lui, c'est un devoir d'honneur et

même de justice, le seul moyen de réparer le passé et de sauvegarder l'avenir.

Suivant le bon Père, si je continue ma vie mondaine et mes fréquentations, je retomberai dans les mêmes errements ou peut-être dans de pires.

Cette décision me semblait dure ; j'ai donc été consulter un de vos Pères qui a la réputation d'être homme du monde et dont la direction est très recherchée. Lui aussi me recommande un secret absolu ; mais de plus il m'assure que je ne suis rigoureusement tenue à rien, que je puis mener mon train de vie ordinaire, sauf, bien entendu, ce qui serait contraire aux commandements de Dieu et de l'Église, et enfin que je n'ai pas à me préoccuper de la succession future de mon mari. On m'a donné d'excellents conseils ; mais il ne faut pas confondre ce qui est d'obligation et ce qui est de perfection.

Le Père a motivé son avis sur de nombreuses raisons que je ne me rappelle plus très bien et que je n'ai pas exactement saisies. Suivant lui, les parents sont tenus à procurer à leurs enfants les moyens de faire, sans difficultés extraordinaires, leur salut ; ce devoir essentiel rempli, ils restent les maîtres de leurs biens et peuvent en disposer à leur gré.

3.

Les prescriptions du code n'ont qu'une valeur civile et pénale ; on peut en conscience n'en tenir aucun compte lorsqu'elles ne sont pas l'expression d'une loi naturelle.

J'avoue, mon Révérend Père, que je ne me sens aucune vocation pour l'héroïsme ; aussi cette solution a été pour moi un grand soulagement ; mais peu à peu des doutes me sont venus et m'ont si bien prise que je ne suis plus tranquille. Ce que j'ai entendu dire autour de moi de votre bonté et de la sûreté de vos décisions, m'a persuadée de m'adresser à votre expérience et de m'en tenir immuablement à ce que vous aurez trouvé convenable.

Veuillez me pardonner, mon Révérend Père, de vous prendre un temps précieux et daignez accepter pour vos œuvres et vos pauvres la petite aumône de cent francs que je prends la liberté de vous envoyer sous ce pli.

Je suis, mon Révérend Père, avec une respectueuse reconnaissance, votre très humble servante

J. DE S.

XIII

Mon Révérend Père,

J'ai assisté, suivant votre désir, à la réunion de dimanche ; rien d'important n'y a été discuté ni arrêté.

Comme toujours, ma bonne amie Mlle de R... a perdu trois ou quatre excellentes occasions de se taire ; mais cette fois elle s'est contentée de bavarder comme une pie, sans chercher à faire de mal à personne ; c'est un progrès.

Le pauvre abbé J... a été plus pitoyable que d'habitude dans son allocution. Ne pourrait-on enfin le remplacer ?... C'est un beau garçon et plus d'une de nos dames se pendrait volontiers à ses accroche-cœur ; mais cela ne suffit pas pour faire prospérer une œuvre. Je vous donnerai quelques détails un de ces jours.

Votre respectueuse et dévouée

A. DE K.

XIV

Mon Révérend Père,

Savez-vous pourquoi cette petite G. de N...,
qui fait tant la mijaurée, est en voyage ?...

Depuis longtemps déjà, elle avait en grand
secret de fréquents rendez-vous avec le majes-
tueux P. de M... Bref, la voilà pincée. Jugez
de la fureur et de l'humiliation de sa mère ;
mais comme l'état de son hermine ne pouvait
plus se cacher, elle a pris le parti de la sous-
traire à tous les regards. Je l'ai vue dernièrement. Elle commençait à m'inventer des his-
toires ; je lui ai fait comprendre, en l'excusant
et en la plaignant hypocritement, que je sa-
vais tout. Elle a été bien attrapée.

Je ne sais où les couches se feront ni ce que
deviendra l'enfant. Ce qui peut arriver de
plus heureux à ce pauvre bébé, c'est de prendre immédiatement le chemin du paradis.

Je vous entends me recommander le silence
pour éviter le scandale et pour ne pas contrister
les bonnes Mères de la rue de Varenne, si

fières de leur élève et si promptes à la proposer en exemple. N'ayez crainte, je ne dirai
rien, quoique je fusse plus excusable qu'une
autre de ne pas trop m'affliger de cette
aventure : mais j'ai pensé qu'il vous serait
non pas agréable, mais utile, d'être averti.
En êtes-vous fâché ?

Votre respectueuse et reconnaissante

Fr. DE S.

XV

Mon Révérend Père,

Je viens vous demander conseil pour une
malheureuse affaire. Vous vous rappelez peut-
être la petite Bretonne que j'ai prise, il y
a deux ans, comme femme de chambre, sur la
recommandation du P. D... J'en étais très
contente et je ne me méfiais aucunement
d'elle. La voilà enceinte de trois mois, et c'est
mon bêta de fils qui en est l'auteur. Il n'y a
pas de doute ; l'un et l'autre m'ont tout
avoué. Que faire ? Mon premier mouvement a

été de renvoyer la fille et de donner une algarade à mon garçon. A la réflexion, j'ai compris que ce serait une injustice et une cruauté. Il y a peut-être de ma faute; si j'avais été plus vigilante, rien de pareil ne serait arrivé. La pauvre petite me fait pitié. Elle n'est pas perverse; mon fils non plus. Pourquoi laisser le feu à côté de la paille? tôt ou tard il y a incendie!

Il faut que je trouve une situation pour ma femme de chambre, car je ne puis plus la garder sans attirer l'attention et les gloses des malveillants. Quand l'enfant sera venu, s'il vit, nous aviserons. Je ne sais à qui m'adresser et à qui demander des renseignements; je crains d'éveiller les soupçons. Ayez la bonté, mon Révérend Père, de vous occuper de cela; ce sera une grande charité pour tous. Quant aux frais, ce que vous aurez conclu sera très bien.

Mon fils que je sermonnais et auquel j'exposais l'obligation où il était de réparer le dommage, a eu un mouvement qui m'a fait plaisir; il m'a offert de prendre sur sa pension tout ce que je jugerais convenable, aimant mieux s'imposer des sacrifices que commettre une vilenie. C'est une surprise de jeunesse plutôt qu'une passion qui tire à conséquence.

Je compte sur votre dévouement, mon Révérend Père, pour tout arranger au mieux, et je vous prie d'agréer, avec mes remerciements, l'assurance de mes sentiments les plus respectueux.

E. DE P.

P. S. — Je vous enverrai, demain ou après-demain, le coupable pour vous remettre l'argent dont vous pourrez avoir besoin. Vous pouvez lui dire que vous savez tout et le tancer en conséquence.

E. DE P.

XVI

Mon Révérend Père,

Je viens de suivre la retraite donnée chez nos Mères par le P. H... aux Enfants de Marie. Je n'ai guère pris la chose au sérieux et je crois en cela être comme tout le monde, à commencer par le prédicateur. Si l'on compte sur ces Exercices pour convertir et régénérer le pays, on est dans une complète illusion.

Nous étions presque toutes présentes, en toilette discrète, mais distinguée. Je vous assure que les yeux ne chômaient pas et que chaque voisine était inventoriée des pieds à la tête avec une impitoyable clairvoyance. Et quelles réflexions ! je n'aurais jamais cru qu'on pût envelopper tant de venin dans une louange ou dans une remarque en apparence inoffensive. Jamais guêpe excitée par les chaleurs de juillet n'a piqué avec plus de rage que certaines de nos retraitantes. J'aime mieux la brutalité de cette grosse C. de W... que les coups de langue empoisonnée de la petite A. de S...

Le brave Père nous a beaucoup parlé des lectures ; comme si nous avions le temps et l'envie de lire, même des livres frivoles !

En sortant de la chapelle la belle M. de Gr... a fait approcher sa voiture. L'attelage était très correct et le tout cossu. Le valet de pied ouvre la portière.

— Entre, mon amie, dit en riant je ne sais plus qui, ce n'est pas ton mari qui te paie ce train-là !

— Ni ton premier amant, ajoute la grosse H. de N...

— Il en faut un pour chaque cheval.

— Et un autre pour chaque roue.

C'était un assaut d'injures hideusement

grossières; l'on voyait la jalousie suinter de toutes ces lèvres.

Les caquets une fois débridés, chacune a eu son paquet, et pour beaucoup le paquet était gros et peu propre. Vous ne vous imaginez pas ce qu'il y a de vilains dessous, de vices et de misères sous ces apparences brillantes et joyeuses; c'est la putréfaction sous un voile de soie. Lorsqu'on a entrevu la réalité et qu'on prête ensuite l'oreille au langage de convention, ce pauvre monde paraît comme une mascarade où chaque acteur joue un rôle précisément opposé à son caractère et à ses habitudes. Fi!... le vilain théâtre et l'ignominieuse comédie !

Pourquoi le bon Père H... affecte-t-il tant de connaître à fond nos dessous et d'entrer dans des détails de la vie féminine et mondaine? Toilettes, visites, conversations, cercles, amitiés, papotages, dîners, concerts, théâtres, fêtes de charité, dévotions, il parle de tout, non pas en homme grave qui veut corriger, mais en dilettante qui veut éblouir, en railleur qui se plaît à étaler ce qu'il y a de vide et de ridicule dans toutes les conventions de notre monde. Peu s'en faut qu'il ne décrive le lever et le coucher de la mondaine et ce qu'elle fait entre les deux ! Le digne homme ne connaît

évidemment qu'en gros cette matière peu ecclésiastique et quelque peu croustillante, par
les romans en vogue ou quelques lambeaux de
conversation. Il commet à propos de tout des
bévues qui font sourire et il laisse échapper
des phrases dont il ne soupçonne pas le double
fond, car il les articule sans rougir, avec l'assurance d'un bel esprit content de sa trou-
vaille et qui compte bien étonner ses audi-
trices.

Ce qu'il y a de mieux pour un prêtre en
chaire, c'est de parler sérieusement de choses
sérieuses. On en garde toujours quelque chose.
En voulant chatouiller nos sens et frôler notre sensualité, il perd son temps, prête aux
jugements téméraires, dégoûte de la parole
de Dieu, blase les consciences et finirait par
rendre incrédules les meilleures âmes.

Vous ne m'accuserez pas cette fois, mon
Révérend Père, de manquer de gravité. Je ne
fais pourtant que répéter ce que j'entends
bien souvent sortir de jolies bouches assez
légères à propos de prédicateurs en robe
blanche ou noire.

J'irai vous voir un de ces jours ; mais je
suis en ce moment surmenée par toutes sortes
d'occupations. Ne riez pas; c'est la pure vérité. J'espère que vous ne vous absenterez

pas et que je n'irai pas me casser le nez contre
la loge du frère portier.

Pardonnez-moi mon bavardage et bénissez-
moi.

Votre bien respectueuse et très dévouée

A. DE CH.

XVII

Mon bon Père,

Suivant votre conseil, je suis en train de
mettre ordre à mes affaires et de rédiger mes
dernières volontés. Je suis embarrassée pour
quelques legs que je voudrais faire à vos missions et à quelques œuvres. Voudriez-vous
bien passer chez moi demain ou après-demain,
dans l'après-midi; vous m'aideriez à régler
cela de telle manière que je sois désormais
tranquille.

Vous trouverez deux billets de cent francs
sous ce pli que vous porte ma bonne. Elle attendra la réponse.

Merci, mon bon Père, et à bientôt. Ma santé

n'est pas trop mauvaise ; mais je ne puis demander à mes vieilles jambes la solidité de la jeunesse.

Votre respectueuse et affectionnée

E. R.

XVIII

Cher Père,

Je vous ai manqué de parole hier et vous vous êtes probablement privé de votre sortie à cause de moi. Ne m'en veuillez pas trop ; j'ai été retenue par des visites que je ne pouvais convenablement esquiver. Cet affreux comte de V... est plus bavard que jamais ; il est resté près de deux heures au coin de ma cheminée, sans cesser de débiter des choses d'ailleurs intéressantes. J'en avais les oreilles ahuries. Je lui ai offert du thé qu'il a refusé, ne se sentant pas altéré par ce caquetage.

Nous avons ou plutôt il a passé en revue toutes ses connaissances et il m'en a raconté de raides sur quelques personnes auxquelles vous donneriez le bon Dieu sans confession.

Venez me voir et je promets de vous inté-
resser.

Si vous tardez, j'oublierai plusieurs choses
et ce sera dommage.

Respectueuses salutations.

V. DE N.

XIX

Mon Révérend Père,

Vous m'avez recommandé de suivre les prédications du P. C... et de vous en dire franchement mon avis. Je ne me reconnais pas
beaucoup de compétence, mais je veux vous
obéir. C'est encore plus aisé en ceci qu'en ce
que vous savez.

Ce brave Père a certainement un talent peu
ordinaire et il produit beaucoup d'effet. Riche
imagination, forme brillante. On voit qu'il désire sortir du convenu et du rabâché, donner
à sa pensée et à sa phrase quelque chose de
moderne et de saisissant.

Belle rhétorique, diction nette et incisive,

geste vif et généralement expressif; on devine trop l'étude et le professeur.

La voix métallique manque de suavité, certains développements semblent tirés. Au lieu d'une exposition ample et lumineuse, il procède par élans et par saccades. Dans son sermon sur les *Anges et les démons* et même dans son sermon sur *l'Immaculée Conception* de la Sainte Vierge on retrouvait trop de réminiscences de Milton. Le raisonnement était noyé dans un flux de poésie épique ou lyrique. Il y a dans cette profusion de grandes images, quelque monotonie et point d'onction. Ça sent le protestant et l'Anglais.

Le défaut capital du P. C... c'est de manquer de chaleur vraie, de celle surtout qui accompagne la lumière. Tout ce mouvement est factice, extérieur; il laisse sec et froid. Aux meilleurs endroits les nerfs sont secoués, l'imagination éveillée; le cœur n'est guère ému et la volonté rarement touchée. Rien qui aille au fond de l'auditeur, soit par la limpidité de la démonstration, soit par l'accent de la passion. Quelques tirades sont bien poussées, mais avec une perfection trop mécanique. Quand la voix cesse d'ébranler les oreilles et le geste de tirer l'œil, on se sent déçu.

Les sermons que j'ai entendus ne m'ont

pas semblé riches de fond et solides de construction. Je suppose que le prédicateur n'a pas eu beaucoup de temps et qu'il a utilisé de son mieux des matériaux de provenances diverses et de valeur inégale, en les insérant de force dans un plan auquel certains répugnaient par leur nature même et par leur décoration.

Oh! que j'aime bien mieux la simplicité, même un peu négligée, la clarté, même un peu banale, la marche ordonnée, même un peu traînante, le cri d'un cœur apostolique, même dénué de fine culture. Il n'est pas nécessaire d'être très habile pour voir que cette impression est celle de l'immense majorité. Beaucoup de ceux qui louent le plus, louent sans conviction, par mode; ils se mentent à eux-mêmes pour n'avoir pas l'air d'être en retard sur leurs voisins.

L'abbé Y... que j'ai eu à dîner est de mon avis; il insiste surtout sur le manque d'onction et de cœur, sur la faiblesse des thèses et des démonstrations théologiques. Le P. C..., suivant lui, se bat les flancs à grand fracas pour dire peu de choses et d'assez communes.

Sa manière paraît nouvelle parce que, à l'exemple de beaucoup d'autres, il porte dans la chaire des sujets, des développements, des applications, un style et un ton qui seraient mieux à leur place dans une réunion laïque. Le paradoxe et l'inconvenance sont les deux piments qui agrémentent cette éloquence.

Il est à présumer que le P. C... n'ira ni très loin ni très haut; il a peut-être atteint son apogée. La réclame n'est pas étrangère à sa vogue, elle ne pourra le soutenir. Encore un feu follet qui traverse notre nuit et dont il ne restera rien !

Pardon, mon Révérend Père, pour ces appréciations; vous êtes le coupable, puisque vous me les avez demandées. Elles ont au moins le mérite d'être sincères; ce sont des impressions et non des jugements dont aient à se préoccuper le public et la postérité.

J'ai lu quelques opuscules du Père; sauf son premier volume, qui est bien et qui restera son chef-d'œuvre, peut-être aurait-il mieux fait de ne pas les livrer à l'impression.

Mais je vous entends crier de votre plus grosse voix :

— Taisez-vous donc, mauvaise langue.

Je finis en vous priant de me bénir, si vous ne voulez pas me donner l'absolution, et de me croire votre respectueuse et inaltérablement dévouée

M. F.

XX

Mon Révérend Père,

J'ai été vous voir cet après-midi et je vous ai attendu longtemps, car j'avais besoin de vous parler ; malheureusement vous n'êtes pas rentré et je suis repartie, le cœur bien gros. Maintenant j'ai pleuré et je suis plus calme. Permettez-moi de vous écrire ce que je vous aurais dit ; je ne puis plus le tenir.

Vous savez où j'en suis avec mon mari ; il ne veut pas avoir d'enfants, au moins pour le moment ; mais il veut jouir et me demande des choses abominables, surtout lorsqu'il rentre tard, après avoir bien dîné et passé la soirée je ne sais où. Que faire ?... Je me tiens tremblante dans mon coin et lorsqu'il s'approche je demeure immobile et passive, l'engageant de mon mieux à faire son devoir tout entier. Ses caresses me brûlent.

Si je refuse de satisfaire quelqu'un de ses caprices, il devient furieux et m'accable des plus grossières injures. Jamais on ne soupçonnera ce que cet homme, qui a reçu une éducation parfaite, qui soutient les bons principes avec acharnement, qui s'affiche comme catholique, trouve d'ordurier dans l'intimité de notre vie.

Je souffre vraiment le plus douloureux martyre ; et quand je songe que ces tortures peuvent durer des années, je perds courage, je sens le désespoir m'envahir ; les idées les plus extravagantes me passent par l'esprit, de plus en plus obsédantes. Je me dis que j'en deviendrai folle. Si du moins j'avais un petit enfant pour me tenir compagnie et me consoler ; avec lui et pour lui je serais capable de tout endurer. Peut-être aussi son père se laisserait-il amollir. Aurai-je jamais ce bonheur ? Je prie, je fais des neuvaines, je fais dire des messes ; mais le ciel est sourd et je me surprends parfois à crier : « Qu'ai-je donc fait au bon Dieu ? » C'est un blasphème, je le sais et je l'abhorre ; mais il s'échappe malgré moi de ma misère.

Quand je vois d'anciennes amies, de simples voisines, de pauvres femmes inconnues, sourire à leurs enfants, j'éprouve des mouvements de jalousie féroce.

Voilà, mon bon Père, où j'en arrive.

Quand je me suis mariée j'étais une petite fille neuve et ignorante de tout. Je n'avais qu'un désir et un besoin : plaire à mon mari, l'aimer, lui obéir, le rendre heureux, lui donner des enfants. Rien ne m'aurait coûté pour cela ; toilettes, soirées, visites, relations, j'aurais tout sacrifié ; j'aurais donné joyeusement ma beauté, ma santé, ma vie.

Est-il possible, mon Révérend Père, que Dieu exige de sa pauvre créature de vivre toujours ainsi ? N'y a-t-il pas un moyen de briser ce joug intolérable et ignominieux ? Une pareille loi me semble si injuste que je me mets à douter de son existence. Un Dieu sage et bon ne peut autoriser des monstruosités.

Je parlerais sans fin sur ce chapitre ; mais vous n'y pouvez rien et je dois ménager votre temps. J'irai vous voir après-demain, vers les deux heures.

Par charité, tâchez d'y être ; vos bonnes paroles et vos bons conseils me font toujours du bien.

Priez pour moi, mon Révérend Père, et bénissez votre malheureuse enfant

T. A.

XXI

Mon Révérend Père,

Je trouve une occasion de vous écrire à l'aise et je la saisis avec empressement.

Depuis votre dernière visite, les choses n'ont cessé d'empirer et la maison est devenue un vrai Purgatoire, j'allais dire une espèce d'Enfer.

Les deux partis que vous avez vus se former sont en pleine lutte; chaque religieuse n'a d'autre occupation et d'autre ambition que de rendre malheureuses quelques-unes de ses sœurs par ses paroles et par ses procédés. Celles qui voudraient rester étrangères à ces dissensions ne réussissent qu'à être en butte aux traits des deux camps. On dirait une troupe de hérissons qui retroussent sans cesse leurs dards. Je crains qu'il n'y ait quelque chose de diabolique dans cette guerre, et peut-être serait-il à propos d'exorciser la communauté.

Récréations intolérables; à tout moment ce sont des mots aigres, des disputes; il n'y a de paix relative que lorsque chaque faction est cantonnée dans un coin ; alors même les langues vont leur train, et les yeux aussi. Au réfectoire, au chœur, à la salle commune, à la salle de travail, ce sont des scènes continuelles.

Avant-hier une sœur jetait au visage de celle qui la servait la portion qui lui était présentée ; la veille une autre sœur avait mis en pièces et foulé aux pieds les habits qu'elle avait trouvés sur son lit. Si une erreur se produit dans la récitation de l'office, chaque parti s'obstine dans son sens et la cacophonie dure plusieurs minutes, jusqu'à la fin du morceau. Une adoratrice du clan opposé est-elle un peu en retard, celle qu'elle doit remplacer ne l'attend pas et part aussitôt l'heure sonnée. Le Saint-Sacrement reste ainsi parfois tout seul. Beaucoup ne sortent guère sans faire claquer les portes. On ne fait plus attention au refus de se parler ou de se saluer, suivant l'usage. Il n'est pas question, bien entendu, de se rendre service.

Ce qu'il y a de plus triste, c'est que plusieurs ont mis les gens du dehors au courant de ces misères ; il s'est ainsi formé deux partis parmi ceux qui viennent à la grille.

Notre Révérende Mère Supérieure gémit de ces discordes ; mais elle manque de fermeté,

4.

d'autorité, d'impartialité. On l'accuse de s'être laissée accaparer, de ne pas tenir la balance égale, de trouver ce qui se fait bon ou mauvais, suivant les personnes. Ces reproches sont exagérés, mais peut-être pas complètement faux.

Dans le monde, on s'évite lorsqu'on ne s'aime pas; les frottements et les heurts sont moins fréquents; il y a des diversions, des distractions et des détentes. La politesse seule arrête certains éclats violents, certaines manifestations trop grossières. Dans le cloître, tout s'exaspère et s'envenime par la concentration même et par les nécessités de la vie commune. Lorsque les antipathies et les haines longtemps couvées en silence par certaines âmes font enfin explosion, les suites sont terribles. Faute d'autres armes, on se bat à coups d'aiguilles, à coups de chapelets, à coups de griffes et de langues surtout; et ces armes bien maniées blessent douloureusement, si elles ne tuent pas.

Voilà, mon Révérend et bien cher Père, où nous en sommes. Au lieu de réparer comme notre vocation l'exige, nous multiplions les offenses à Dieu et au prochain.

Quel remède? Ne serait-il pas à propos d'avertir nos supérieurs ecclésiastiques; car ce désordre doit, de façon ou d'autre, avoir un terme. Songez-y, dans votre sagesse et devant le bon Dieu.

Je serais heureuse de causer en détail de cette situation avec vous ; mais dans l'état des esprits et avec l'espionnage qui s'exerce, il vaut mieux, je crois, que l'on ne puisse nous soupçonner d'entente. Les murs ont des oreilles ; c'est le cas de le dire.

Demandez à Notre-Seigneur de nous rendre la paix et de répandre sur notre pauvre maison l'esprit d'union et de charité. Demandez-le particulièrement pour moi.

Je me recommande à vos prières et à vos saints sacrifices et je vous prie d'agréer mes respectueux remerciements.

J. DE LA C.
S. M. R.

XXII

Mon Révérend Père,

A la fin d'une retraite, il y a un an, sous l'impression des vérités sur lesquelles j'avais médité, poussé par le prédicateur et sans avoir suffisamment réfléchi aux devoirs auxquels je m'engageais, je fis vœu de ne pas me marier et d'entrer en religion.

Avant cette promesse et depuis j'ai commis de graves fautes contre le sixième et le neuvième commandement.

Je suis d'un tempérament sanguin et très porté au plaisir. La vue d'une femme suffit pour me mettre hors de moi. A certains moments, le désir est irrésistible ; c'est un besoin physique et il me semble que mes veines se rompraient si je ne le satisfaisais pas de manière ou d'autre. Il en a été ainsi depuis mon enfance, presque aussi loin que ma mémoire puisse se rappeler. Le célibat et la communauté sont pour moi un cauchemar.

Dans ces conditions, mon Révérend Père, ne suis-je pas dispensé de ma promesse et de mon vœu ? Que faut-il faire pour en être relevé ? Ayez la charité de me répondre un mot, car je souffre horriblement.

Votre enfant respectueux et affectionné

H. T.

XXIII

Mon Révérend Père,

C'est après bien des hésitations que je me décide à vous écrire cette lettre, dont tous les mots ont été pesés et sur laquelle je vous prie d'arrêter votre attention.

Pendant plusieurs années, j'ai vécu avec ma femme en parfait accord. Si nous avions eu des enfants, rien n'aurait manqué à notre bonheur ; mais ce n'était pas notre faute et nous nous étions résignés à cette privation.

Depuis que ma femme a fait votre connaissance, notre ménage a été bouleversé.

Ce fut d'abord une fréquence de visites et de rendez-vous que je trouvais singulière, mais sur laquelle je fermais les yeux. Je sentais bien que le cœur de votre pénitente n'était plus à sa maison ; mais j'espérais que cette chaleur s'éteindrait. Je me trompais.

Non contente de courir après vous, à pied ou en voiture, ma femme est entrée activement dans vos œuvres comme présidente, comme secrétaire, comme trésorière. Elle a donné tout son temps, tout son esprit, tout son cœur à ces nouvelles fonctions. Dès lors elle est devenue peu à peu insupportable. Que de fois j'ai été obligé de prendre un fiacre parce qu'elle vous avait envoyé ou devait vous envoyer notre voiture !

Vous l'avez, à plusieurs reprises, priée de vous donner un compte rendu détaillé de vos retraites et de vos sermons. Ce travail passait avant tout et il était fait, *con amore*, c'est le cas de le dire. La pauvre créature passait des journées entières à mettre sur pied ses notes; elle multipliait les brouillons avant d'arriver à la rédaction définitive. Malheur à ceux qui venaient la déranger dans cette occupation sacro-sainte !

Je suis persuadé qu'à plusieurs reprises, pour arriver à établir un texte satisfaisant, elle a compulsé de gros volumes et même consulté des théologiens vivants. Il lui semblait toujours que c'était sa faute si la solidité et la logique manquaient.

Les perplexités de la trésorière étaient encore plus grandes que celles de la secrétaire. Il vous fallait de l'argent; elle s'adressait à tout le monde pour en avoir, après avoir épuisé sa bourse. Elle était devenue un fléau

pour ses amis et ses amies. Dans une circonstance plus pressante elle est allée jusqu'à
faire secrètement un emprunt de cinquante
mille francs qu'elle a remboursé je ne sais
comment.

Dans tout cela, où était la place du mari ?

Voici le bouquet. Il y a huit jours, elle m'a-
borde en grande cérémonie et après de longs
détours me déclare que, sur les conseils de
son directeur, elle croit bon d'avoir désormais
son lit absolument à part, puisque la Provi-
dence n'a pas jugé utile pour nous de bénir
notre union. Elle est fermement résolue, pour
ce qui la regarde, à suivre cette ligne de conduite ; pourtant elle n'ignore pas ses devoirs
et mes droits. Elle m'accordera donc ce qu'il
ne lui est pas permis de refuser sans péché,
mais uniquement lorsque je l'exigerai. Combien il serait plus convenable de l'imiter !...

J'ai été assez maître de moi pour ne rien
dire et pour ouvrir froidement la porte à celle
qui venait de me débiter de pareilles impérti-
nences. En réalité, c'est fini entre nous ; ma
femme est morte pour moi, comme je suis
mort pour elle. Nous vivrons désormais, sous
le même toit, aussi étrangers l'un à l'autre que
si nous étions à cent lieues de distance.

Voilà votre œuvre, mon Révérend Père ; et

sachez bien que ce que vous avez fait chez moi plus complètement, vous l'avez commencé chez beaucoup d'autres. Je n'ai pas à m'occuper de vous et de vos intentions ; peut-être l'égoïsme et la sécheresse de cœur vous sauvent-ils ; mais vous n'êtes pas assez naïf pour ignorer que les pauvres femmes qui vous suivent et qui se mettent à votre service ne le font pas pour l'amour de Dieu, mais par passion pour vous. Un homme du monde serait peu excusable d'exploiter de pareilles folies ; que penser d'un religieux qui en vit ?...

Je ne veux pas revenir sur un passé qui est irréparable ; mais pour l'avenir, écoutez bien ceci : j'ai défendu formellement à ma femme de vous rendre visite et de vous adresser la parole ; si elle a besoin de confesseurs ou de directeurs, ils pullulent. Je vous fais à vous la même défense. C'est mon droit et mon devoir. J'exerce l'un et je m'acquitte de l'autre trop tard, malheureusement.

Si j'apprends que, sous un prétexte ou un autre, quelle que soit la forme, vous avez violé ma défense, le châtiment ne se fera pas attendre ; j'ai de quoi le rendre terrible. A bon entendeur, cela suffit.

Je n'oublie pas que vous êtes prêtre et religieux ; à ce double titre, je vous présente,

mon Révérend Père, le respect qui vous est
dû.

C. V. DE B.

XXIV

Révérend et cher Père,

J'ai terminé l'enquête dont vous m'avez
chargée. Il m'a fallu user plus d'une fois de
ruses de Cafre pour découvrir la vérité. Les
peintres la représentent nue, je vous assure
qu'elle est couverte de triples voiles. Voici
par ordre les résultats constatés :

1° M. de L... est absolument ruiné; il reste
encore une certaine apparence ; mais tout est
hypothéqué. Dettes et frais payés, ce serait
la misère noire, sans la dot de la femme qui
ne peut heureusement être dévorée.

2° Le fils aîné est un viveur qui ne voit à la
vie d'autre fin que l'amusement. En deux ans
il a gaspillé les 150,000 francs dont il avait
hérité de sa vieille tante d'A... Pas mauvais
garçon; beaucoup d'esprit; montant bien à

cheval ; aimant son métier qu'il connaît à fond ; d'une conversation originale ; mais les femmes et les cartes le tiennent. On parle de lui donner un conseil judiciaire ; sans cela, l'héritage futur de sa mère serait mangé par avance.

3° Le cadet est fort distingué, instruit, artiste, entendu aux affaires, très aimable. Malheureusement, il est valétudinaire et doit passer ses hivers à Biskra. S'il vit encore deux ans, ce sera merveille.

4° Le plus jeune est le vrai chef de famille. Esprit positif et solide, visage fin, tournure élégante, travailleur et calculateur. Il promet d'être un mari correct, mais tatillon et taquin, deux petits défauts pour dix belles qualités. Il fera un beau mariage, surtout si la mère a le bon sens de lui laisser le quart de sa fortune.

5° Cette mère sera peut-être un obstacle auprès de certaines héritières. Sa réputation dans le passé et même dans le présent laisse à désirer. Il est vrai que ces choses-là s'oublient vite et que beaucoup de femmes n'ont guère le droit d'être difficiles.

Ici, d'ailleurs, les apparences sont pires que la réalité. Madame de L... aime les gauloiseries ; elle est fantasque et fait quelquefois des scènes ; mais avec l'âge les sens s'éteignent et l'humeur s'adoucit.

Malgré ses caprices elle a su gérer assez bien ses affaires et ne rien gaspiller. Elle est bien élevée, intelligente et adore les petits enfants; elle s'en occupe volontiers et a le secret de les charmer. C'est précieux dans une belle-mère. Si son fils lui donne des petits-fils assez vite, ce qui est probable, ce sera son principal souci.

Le jeune ménage aura la faculté d'aller vivre à part; mais il y aurait quelques inconvénients. La dépense serait augmentée et la mère laissée à elle-même pourrait se livrer à quelques excentricités; elle est bien conservée et trouverait des amateurs.

Son mari ne compte plus; on ne le voit jamais; il est toujours en voyage ou à la campagne. Il ne tardera pas à disparaître.

La fortune de Madame de L... est évaluée deux millions en valeurs fermes comme le roc.

Que ferait-elle, si elle devenait bientôt veuve? C'est un point noir à l'horizon.

Si elle se remariait, elle n'aurait probablement pas d'enfants, quoiqu'elle paraisse encore verte et qu'il faille se défier de ces tempéraments; mais devenue tout à fait maîtresse de sa fortune et sous l'influence de son nouveau mari elle pourrait disposer d'une partie de ses revenus et de son capital au détriment de ses enfants.

On chuchote dans l'entourage que le dernier n'a rien de commun avec M. de L... et l'on nomme même le suppléant. La ressemblance est frappante, mais cela ne prouve pas grand'chose; d'ailleurs qu'importe? A plus d'un point de vue, cela vaudrait mieux, disent les méchantes langues.

Toute la parenté, sans faire de la politique militante, est dans les bons principes, je veux dire dans les vieux. On est royaliste. La mère est catholique déterminée et, sauf le sixième et le neuxième commandement de Dieu, elle trouve le décalogue et les commandements de l'Église parfaits.

Adieu, Révérend et cher Père. Si vous désirez des renseignements plus complets je serai heureuse de vous les procurer.

Croyez-moi, pour ceci et pour tout ce qui pourrait vous faire plaisir,

Votre entièrement dévouée

MATHILDE.

XXV

Mon bon Père,

On me dit que vous avez parlé magnifiquement, dimanche dernier. Je n'ai pu vous entendre et je le regrette ; vos discours sont toujours un régal pour moi, parce qu'ils sont beaux et parce que j'aime l'orateur. Si vous faites imprimer celui-ci, j'en retiens cent exemplaires.

Je serai heureuse de contribuer pour une petite part à la bonne œuvre que vous patronnez. Passez chez moi, afin que je puisse vous remettre mon obole. Je deviens plus patraque de jour en jour et je me déplace difficilement. On vient de m'apporter une caisse sur laquelle est écrit de tous côtés : *Fragile ;* c'est je crois, la devise qu'il me faudra désormais adopter. Elle ne sera menteuse en aucun sens.

Ce qui n'est pas fragile, par exemple, c'est mon amitié et mon dévouement pour vous. Croyez-le, mon bon Père, et priez pour moi.

Euphrasie W.

XXVI

. Mon Révérend et bien cher Père,

Voici quelques explications catégoriques au sujet du prétendu faux dont on vous a parlé. Je les tiens du Père H... lui-même.

Depuis quelque temps le P. Préfet était peu satisfait de l'auxiliaire en question; il a du talent et du savoir-faire, mais il prend trop d'influence dans le collège, auprès des parents des élèves. Nous sommes obligés de maintenir ces messieurs au second plan; si on n'y avisait par des mesures radicales, les Pères seraient bientôt effacés et supplantés; *quod est inconveniens.*

Le Père H... ne voulait pas avoir d'explication verbale avec l'abbé; d'abord parce qu'il avait à lui reprocher des tendances plutôt que des faits précis; ensuite parce qu'il redoutait d'entrer en discussion avec un esprit subtil et qu'on prend difficilement sans vert. Il imagina de se faire adresser une lettre qui était censée venir du dehors et dont il prenait occasion pour donner les avis nécessaires. Il la fit transcrire par un des Nôtres et la transmit à l'inculpé, en ayant soin de détacher préalablement d'un coup de ciscaux une signature qui n'avait jamais existé.

La fatalité voulut que le destinataire fit voir cette lettre à un de ses amis qui se trouva justement reconnaître l'écriture, puisqu'il avait longtemps vécu avec le secrétaire improvisé ; ils avaient préparé leur licence ensemble. L'ami avait même reçu plusieurs lettres de la même écriture qu'il possédait encore. Une confrontation était naturelle ; vous devinez le reste.

A cela se réduit cette duplicité qu'on a tant reprochée au Père H... C'est un artifice dont on use couramment et qui ne nuit à personne. Il a fallu un concours de circonstances que rien ne pouvait faire deviner pour qu'il n'ait pas été heureux cette fois.

L'auxiliaire a eu tort de montrer cette lettre, plus grand tort de faire confidence de sa découverte à quelques collègues et à quelques Pères. Le Père H... ne peut lui dire grand'chose pour le moment, parce que les apparences lui sont contraires ; mais il le remerciera sûrement à la fin de l'année. Ce sera tant pis pour le pauvre abbé et pour nous, car sa classe allait bien, même trop bien.

R⁾ V⁾ servus in X^to

J. DE LA S.

XXVII

Mon Révérend et bien cher Père,

Vous avez certainement reçu et lu la Vie du R. P. de R..., par le R. P. de P... Je serais bien aise d'avoir votre appréciation.

Ici, les avis sont partagés. Presque tout le monde trouve l'œuvre bonne au point de vue littéraire ; mais la plupart de ceux qui ont connu le héros ne le reconnaissent pas et disent qu'on l'a vraiment trop embelli. Le vieux Père B... ne se gêne guère pour dire :

— C'est un mensonge en deux volumes !

Et il appuie son jugement de beaucoup d'anecdotes. Suivant lui, le grand homme était d'un caractère insurppotable, exigeant pour lui-même et pour les autres, irascible, hargneux, soupçonneux, regardant de très haut le reste des humains, sacrifiant tout au succès de ses discours et de ses œuvres, prenant comme chose qui lui revenait de droit ce qu'il y avait de plus glorieux, s'étonnant lorsqu'on ne le demandait pas pour quelque cérémonie solennelle et sonnant la cloche chaque fois qu'il faisait acte d'humilité et d'abnégation.

Comme tous les libéraux, il était d'une intolérance extrême, ne comprenant pas que l'on pût penser, parler ou agir autrement que lui. Esprit étroit et hautain, il n'admettait pas qu'on eût des théories et des méthodes de travail ou de prédication différentes des siennes. Les moindres choses lui coûtaient horriblement et il se laissait persuader que son morceau le plus banal était une découverte de génie. Malheur aux simples qui prenaient à la lettre ses plaintes et ses déclarations d'incapacité!

Les conférences de Notre-Dame étaient longuement portées et laborieusement pondues. Plusieurs Pères étaient chargés de lui préparer des matériaux; le célèbre orateur se retirait ensuite à Vals, ou dans quelqu'autre résidence, pour les rédiger. C'était le cauchemar des Ministres; il s'en prenait à la nourriture, au lit, au silence, à l'exposition de sa chambre, aux chiens et aux coqs du voisinage, à tout, de son peu d'abondance.

5.

Il avait la manie de demander des conseils et de ne pas les suivre; il n'y avait de bien-venus que les donneurs de compliments.

Ses jugements sur Louis Veuillot et l'*Univers*, sur Dom Guéranger et sa propagande liturgique, sur Lacordaire et son genre oratoire, étaient d'une âpreté qui stupéfiait; c'était le seul sujet sur lequel ce « constipé » eût parfois de la verve.

Ses relations avec le R. P. de P... étaient une comédie. Les deux pieux personnages ne pouvaient vivre huit jours côte à côte sans se brouiller; à peine séparés, ils s'écrivaient des lettres où l'on ne respire que tendresse et humilité. On pourrait en dire autant de Mgr Dupanloup. Le R. P. de R... redoutait et détestait « ce tyran! » mais il n'a jamais pu secouer le joug.

Aujourd'hui personne ne lit plus les *Conférences*. Les a-t-on jamais lues ? Cette réputation d'éloquence est une merveille de création artificielle; le renom de sainteté ne l'est pas moins. Les quatre volumes d'œuvres oratoires et les deux volumes sur Clément XIV mettront peu à peu l'écrivain à son rang; il faudrait une biographie consciencieuse pour réduire le religieux à sa valeur; elle ne se fera pas, et la légende prendra racine; d'autant plus que les

couvents aristocratiques de Paris vont distribuer à profusion le panégyrique.

Quel en est l'auteur ? Ils sont plusieurs. Le
R. P. de P... l'a écrite ; mais il y avait tant
d'antithèses, de cliquetis de mots et de mauvais goût, tant de parti pris et d'injustice dans
les jugements, qu'on ne pouvait l'imprimer.

Quelques Pères, les Pères de G... et C...
pour le fond, le Père L... pour le style, ont été
chargés de la retoucher. Le principal auteur
n'était pas content, dit-on ; mais c'était à prendre ou à laisser.

Louis Veuillot après avoir lu les chapitres
consacrés aux luttes pour la liberté d'enseignement a eu un mot cruel, que je ne me
rappelle plus textuellement ; l'auteur avait
trouvé le moyen de tout raconter sans même
nommer le rédacteur en chef de *l'Univers*. Depuis on a glissé son nom dans une phrase
énumératrice.

Jamais nous n'avons eu plus de grands
hommes longuement racontés que depuis que
nous ne faisons presque rien. Cette abondance
de *Vies* et de biographies, d'une exagération
si imprudente, nous rend ridicules et odieux,
car l'histoire du R. P. de Rav... est modeste
par comparaison. On devrait surveiller de près
cette incontinence de littérature admirative,

Adieu, mon Révérend et bien cher Père. Ecrivez-moi lorsque vous le pourrez. Je me recommande à vos prières et à vos SS. SS.

R^n V^æ servus in X^{ta}

G. B.

XXVIII

Mon bon Père,

J'ai recours à vous pour une affaire délicate, mais importante. Si vous y pouvez quelque chose directement ou indirectement, mettez-y, je vous en conjure, tout votre zèle. Vous me ferez grand plaisir et vous me rendrez un signalé service.

Les choses ne vont pas très bien cette année, pour Paul, au collège. L'enfant travaille cependant plus que jamais ; ses places en témoignent suffisamment. Son professeur et ses surveillants ne lui reprochent rien de grave et lui donnent de bonnes notes. Seul le P. Préfet lui fait grise mine et semble épier les occasions de le mortifier et de le décourager. J'ai d'abord cru moi-même et tenté de persuader à l'enfant que c'était une imagination ; mais après avoir examiné les faits, je me suis convaincue du contraire.

Peut-être le P. T... ne se doute-t-il pas de cette malheureuse disposition d'esprit, qui lui fait tout interpréter à mal et qui le rend injuste et cruel.

Après avoir constaté le changement, j'en ai cherché les raisons et je pense avoir fini par les trouver. Vous allez les traiter de puériles, d'invraisemblables, d'odieuses chez un religieux. Je l'ai fait avant vous ; mais il a bien fallu se rendre.

Pendant ses excursions de vacances, Paul passait quelquefois devant une boutique de menuisier. Il remarqua un jour sur l'enseigne le nom de son P. Préfet. Il entra et demanda au bonhomme s'il connaissait le R. P. T...

— Parfaitément ; c'est mon fils.

On s'entretint cordialement et on se quitta bons amis. Depuis, Paul saluait et entrait chaque fois qu'il passait à bicyclette ou à cheval, notamment vers la fin des vacances. Il voyait qu'il faisait plaisir.

A la rentrée, mon fils aborde le P. Préfet et après les salutations d'usage lui dit qu'il est d'autant plus heureux de le revoir qu'il a d'excellentes nouvelles à lui donner de son père. Il raconte ensuite comment il l'a vu plusieurs fois et tout récemment.

Le P. T... accueillit ces confidences avec une certaine gêne, à laquelle mon fils n'a réfléchi que longtemps après, en me racontant ses peines. A partir de ce jour, le P. Préfet a visiblement évité toute familiarité et toute rencontre avec l'enfant ; dans leurs rapports nécessaires il lui a fait sentir qu'il devait se tenir à distance et qu'il le soupçonnait de « mauvais esprit ».

Quel rapport, dites-vous, quel lien ces choses disparates ont-elles ? Vous allez le voir.

Ce n'est un secret pour personne que le bon Père T... a la prétention de frayer avec l'aristocratie. Il se fait voir volontiers au parloir avec les grandes dames et il aborde de préférence ceux qu'il considère comme des gens à la mode, soit au concours hippique, soit au Salon, ou dans les autres lieux de réunions mondaines. Il ne manque pas de s'y montrer aux jours de choix.

C'est cette faiblesse que Paul, sans le soupçonner, a eu le malheur de froisser. Le P. T... s'est figuré que l'enfant aurait moins de respect et de considération pour le fils d'un menuisier, qu'il en parlerait avec les camarades et que l'autorité du Préfet serait diminuée par cette révélation d'une modeste origine. Remarquez bien, je vous prie, que je n'accuse pas le P. T... d'avoir rougi de son père, ce qui serait d'une âme trop basse; mais je suis bien forcée de croire qu'il a eu peur d'en être diminué et par suite de ne pouvoir plus faire autant de bien. Il a tort, mais, eût-il raison, mon enfant n'est aucunement coupable en tout cela. J'ai retourné Paul dans tous les sens; de si vilains calculs n'ont pas même effleuré sa pensée; il a suivi naïvement l'impulsion de son âge et de son bon cœur. A l'heure présente, il ne se doute pas de ce que je viens de vous écrire et ne le comprendrait même pas. Je l'affirme parce que je le sais.

Que faire? Retirer Paul en ce moment serait compromettre ses études et sa réputation; on ne manquerait pas de dire qu'il a été renvoyé; ce qui est toujours fâcheux. Nous patienterons jusqu'à la fin de l'année scolaire, au moins jusqu'aux vacances de Pâques; mais si l'attitude du P. T... ne change pas, je serai bien forcée de retirer Paul et de le mettre à Stanislas ou ailleurs. Vous devinez quel crève-cœur ce serait pour moi, pour ma fille, religieuse au Sacré-Cœur, et même pour moi fils, car jusqu'ici il avait sincèrement aimé son collège.

Tâchez d'arranger cela, mon bon Père ; votre prudence et votre autorité en viendront certainement à bout et je vous serai très reconnaissante.

Votre respectueusement dévouée

C. DE R.

XXIX

Révérend et bon Père,

Où aviez-vous l'esprit à votre dernier sermon, lorsque vous nous avez fait des descriptions de toilettes si abracadabrantes ? Avez-vous vu qu'on pouffait de rire ? Vous avez placé sur la gorge ce qui se trouve beaucoup plus bas et de l'autre côté ! Ne parlez plus en public de ces choses-là, sans m'avoir consultée ; c'est le seul moyen de n'être pas hérétique en chiffons ; c'est plus grave que vous ne croyez.

Quand vous voudrez montrer un fagotage

grotesque, vous n'avez qu'à décrire la petite G... N'ayez peur de lui faire de la peine;
elle ne se reconnaîtra jamais; il faudrait la
montrer au doigt ou la nommer en toutes
lettres, et encore! N'allez pas croire au moins
que je sois jalouse; il n'y a pas de quoi.

Adieu! Révérend et bon Père; pardonnez-
moi et croyez-moi bien votre fille dévouée

Eug.

XXX

Mon cher et Révérend Père,

Savez-vous pourquoi la belle Mme J... s'age-
nouille et baisse la tête si profondément aux
pieds du P. du L... lorsqu'elle va partir ? La
bénédiction est le moindre de ses soucis; mais
elle est persuadée qu'elle est très séduisante
dans cette posture; que les lignes de son corps
et des draperies font bel effet et surtout que
l'œil du bon Père, en plongeant sur la nuque
et sur le cou mis à découvert très à propos,
jouit d'un délicieux point de vue.

C'est une rouée; mais ses minauderies ne trompent personne depuis longtemps.

Rien n'est horripilant comme ces ruses de vieille coquette essayant de fondre ensemble la galanterie et la dévotion. De grâce, cher et Révérend Père, ne vous y laissez jamais prendre, et si une de vos pénitentes s'avise jamais de se prosterner devant vous, en plein parloir, avec des poses de Madeleine, tournez-lui le dos et montrez-lui que vous n'êtes pas dupe; vous aurez les rires pour vous.

Quand pourra-t-on vous voir un peu longuement? Hier vous avez passé comme un éclair.

Votre très dévouée

E. R.

XXXI

Mon Révérend Père,

Je suis depuis quelques mois dans une grande perplexité; elle m'empêche de m'acquitter avec calme de mes devoirs.

Permettez-moi d'avoir recours à votre expérience et à votre charité pour être débarrassée de cette souffrance. Plusieurs de nos Mères ont reçu de grands soulagements par vos conseils, c'est ce qui m'encourage à les solliciter à mon tour.

Mon directeur m'a permis de prendre la discipline trois fois la semaine, pendant trois *Ave Maria*. J'ai été fidèle à cette pratique; mais, au lieu d'en retirer des avantages, je n'y trouve qu'une occasion de mouvements déréglés et de tentations.

Je me suis frappée tour à tour sur les épaules et sur le dos; l'effet a été le même : des tressaillements voluptueux dans les parties plus sensuelles de mon corps, une sorte de spasme, des pensées et des images obscènes, non seulement pendant la nuit mais pendant le jour.

Mon confesseur auquel j'ai fait connaître ces impressions m'a répondu que c'était une épreuve qui finirait par l'habitude et que bien loin d'abandonner cette pénitence je devais m'y attacher plus fortement et redoubler.

Je l'ai fait et, pendant des mois, je me suis flagellée de toutes mes forces. Le résultat a été pareil ou plutôt les flammes de la luxure ont été attisées en raison même de mes efforts pour les calmer. Pendant des heures entières, je pourrais dire pendant des journées, tout mon être était dans une tension épouvantable. Mes veines se gonflaient à se rompre, ma tête bourdonnait, des nuées de visions lascives me poursuivaient partout. Ce que je voyais et ce que je touchais devenait un objet de tentations dégoûtantes.

Il y a longtemps que cela dure et c'est un martyre affreux. Cela m'empêche de rien faire de sérieux; je n'entends pas ce qu'on dit et je ne comprends pas ce que j'entends.

J'en deviendrai malade, à moins d'un miracle.

Dans ces conditions, mon Révérend Père, ne vaudrait-il pas mieux cesser ? Je crains de me faire illusion; il me semble bien pourtant que ce n'est pas la peur de la souffrance physique qui me fait faire cette demande. Avant cet usage de la discipline je n'éprouvais rien de semblable. Quoique par suite de lectures, de conversations ou de spectacles je sois assez au courant de la vie physiologique, je n'ai que peu de fautes à me reprocher dans le passé, soit en pensées, soit en actes. Ce n'est donc pas l'effet de mauvaises habitudes qui se réveilleraient tout à coup.

J'espère que vous m'avez comprise, mon Révérend Père, et que vous aurez pitié de ma pauvre âme. Je suis prête à faire, à la lettre et tout de suite, ce que vous jugerez utile dans cet état d'esprit.

En attendant, je me recommande instamment à vos prières, particulièrement au Saint Autel, et je vous prie d'agréer, avec mes excuses pour ce dérangement, l'assurance de mon profond et religieux respect.

W. DE M.

Fille de Marie.

XXXII

Mon Révérend Père,

A quel bon journal voulez-vous donc que je m'abonne ? L'*Univers* ? La *Vérité* ? La *Croix* ? Je n'imagine pas que vous allez me conseiller la *Libre Parole*, l'*Autorité* ou la *Gazette de France*, réfractaires aux directions politiques de Léon XIII, dont vous êtes par vocation, sinon par conviction, partisan officiel.

Que nous font ces papotages de sacristie ou ces injures échangées entre catholiques ? Ce qu'il nous faut, ce sont des nouvelles mondaines, qu'on ne trouve guère que dans le *Gaulois* ou le *Figaro*. Le *Temps* est trop ennuyeux, le *Journal* est trop sale, le *Gil Blas* aussi ; le *Soleil*, trop insignifiant.

Vous voyez qu'on n'a guère la liberté du choix, au milieu de cette masse de papier imprimé qui se distribue tous les jours.

Je vous concède bien volontiers que le *Figaro* est dégoûtant, depuis que Cornély y canonise Dreyfus ; mais le *Gaulois* est très convenable et le mal que vous en dites est en retard de quelques années. Je vais vous y abonner pour trois mois ; vous verrez.

Au reste, mon bon Père, peu importe le journal. Ce qui nous gâte, puisqu'il est convenu que nous ne valons pas grand'chose, ce ne sont ni les journaux, ni les livres ; ce sont les conversations, les exemples, les fréquentations, toute cette atmosphère de vie détraquée où nous tourbillonnons, depuis que nous avons quitté la jupe courte, et même avant.

Il faudrait changer ce pauvre monde. Je suis persuadée qu'il est impossible de le convertir sérieusement. Opinez-vous pour un nouveau déluge ? A quoi bon ? Vous savez le peu qu'a obtenu le premier. On dit même qu'il n'a pas été si effroyable.

Et puis, mon cher Révérend, que deviendraient les prédicateurs, sans les pécheurs et les pécheresses ? Si nous changions seulement de vices, il vous faudrait refondre les sermons où vous les décrivez si agréablement. Je ne m'imagine guère le P. Tr... s'attelant à cette besogne.

Laissons donc cette planète rouler à travers l'espace, comme elle fait depuis des milliers de siècles ; elle nous emportera tous pêle-mêle au terme final. Ce que sera ce rendez-vous, ni vous ni moi n'en savons rien, mais le bon Dieu est meilleur que ses prophètes.

En attendant, mon Révérend Père, croyez-moi votre respectueuse, reconnaissante et très solidement attachée

L. DE G.

XXXIII

Mon Révérend Père,

J'ai parfaitement compris vos désirs et vos menaces lors de notre dernière entrevue.

Si vous m'avez introduite dans la maison

où je suis et où je me trouve très heureuse,
c'est à la condition que je vous tienne au courant de ce qui s'y passe. Je soupçonne à
quelle fin et dans quel intérêt ; mais je n'oserais l'écrire.

Eh bien ! mon Révérend Père, je ne veux
pas me prêter à cet espionnage domestique :
ma conscience me le défend.

On ne me cache rien ; raison de plus pour
ne pas trahir cette bonté sans défiance. Ce serait une vilenie. Je suis prête à tout, pour
vous témoigner ma reconnaissance ; mais pas
à cela. Vous ne pouvez l'exiger.

Si vous punissez ma fidélité en m'enlevant
cette place, c'est-à-dire mes moyens de sub-
sistance, vous aurez fait une mauvaise action ;
mais je sortirai la tête haute et, s'il le faut, en
disant pourquoi. J'aurai pour le faire croire
des moyens que vous ne soupçonnez pas.

Votre très humble servante

M. G.

XXXIV

Mon Révérend Père,

Je ne suis pas suspecte, puisque je ne me suis jamais remariée, ni même mariée. J'ignore donc les jouissances des épouses et des mères, comme vous dites ; mais j'ai beaucoup observé pendant ma vie déjà longue, n'ayant rien de mieux à faire. Eh bien ! je ne suis pas du tout convaincue que les veuves qui se lamentent bruyamment soient les moins sincères. Beaucoup regrettent le mari qu'elles ont perdu et leurs cris ne sont pas « une comédie de mauvais goût ».

Ces démonstrations prouvent seulement qu'elles sont d'imagination vive, de tempérament sensible, nerveuses et en dehors. Les bouillonnements du sang et les exigences du sexe reprennent vite le dessus ; sous cette poussée de sève corporelle et de complexion amoureuse, elles oublient, elles s'éprennent, et recommencent. Les secondes noces, autorisées par l'Église, ne sont pas plus un crime que les premières ; elles sont un remède, un besoin, parfois un sacrifice, toujours un sacrement.

Dans votre causerie, très intéressante et très piquante, vous vous êtes trop inspiré des moralistes grincheux et des conteurs égrillards ; pas assez de la doctrine catholique et de l'expérience personnelle. Si vous voulez réfléchir à ce qu'est la femme, vous serez moins amer et plus indulgent. On ne peut reprocher à un être de suivre la loi de sa nature, à l'arbre de redonner après chaque hiver des fleurs et des fruits.

Vous connaissez la définition célèbre ; elle est brutale, mais elle vaut dix traités et elle explique les trois quarts de notre vie : « La femme est une matrice ». Là est le secret de sa vie physiologique et morale, de ses maladies et de sa santé, de ses joies et de ses tristesses.

Atrophier ce centre d'émotions, éteindre ce foyer de vie, c'est vouloir comprimer la sève qui déborde et s'élance par mille bourgeons. Diriger, émonder, oui ; arrêter, supprimer, non.

Adieu, mon Révérend Père, et pardon pour cette querelle. Nous y reviendrons, si vous n'êtes pas persuadé, et vous verrez que vous

avez tort. Un peu de satire gauloise ne dé-
plaît pas aux femmes ; elle aiguillonne et cha-
touille leur curiosité. Les prédicateurs en
vogue le savent bien ; mais vous devez user
avec prudence de ce ragoût-là.

A vous respectueusement et tendrement.

H. L.

XXXV

Mon Révérend Père,

Je vous envoie sous ce pli, par mon cocher, la somme de deux mille francs, savoir :

1.200 francs pour 800 messes à 1 fr. 50, que
vous aurez la bonté de faire parvenir à vos
Pères étrangers ;

600 francs pour 200 messes à 3 francs, que
vous aurez la bonté de faire dire par vos Pères
de la province ;

enfin 200 francs pour un trentain, le plus
tôt possible.

Il devient de plus en plus difficile de

recueillir des honoraires ; les fidèles en donnent moins et les collecteurs deviennent légion. Depuis que nos dignes Mères se sont mises sous le bonnet de faire béatifier Mme Barat, elles font des rafles un peu partout, surtout parmi les familles de leurs anciennes élèves.

L'an dernier, elles ont envoyé en Italie plus de cent mille honoraires à deux francs, afin de se concilier les bonnes grâces des Cardinaux et des Monsignori. C'est une aubaine inespérée pour ces péninsulaires qui disent la messe pour cinquante centimes. Les Cardinaux et les gros personnages qui peuvent distribuer pareille manne se font une clientèle et une popularité.

Et dire qu'en France beaucoup de prêtres ne reçoivent qu'un franc ou même rien du tout !

On m'assure que l'excédent des messes qui ne peuvent être dites aux lieux mêmes de nos grands pèlerinages, à Lourdes, à Montmartre, à Notre-Dame-des-Victoires, sont acquittées ailleurs au tarif uniforme de un franc. Qui bénéficie de la différence ? Et ces messes, données au rabais à des prêtres inconnus, quand sont-elles dites ?... Sont-elles dites ? On se pose malgré soi ces questions et elles

jettent dans l'anxiété. Comme toutes les cui-
sines, il est bon que la cuisine ecclésiastique
ne soit pas vue de trop près par le public ;
plus d'un spectateur simple s'en irait sceptique ou tout au moins scandalisé.

Adieu, mon Révérend et cher Père, j'irai
vous voir dès mon retour, qui ne tardera plus
guère. J'ai tant de choses à vous dire !

Respectueuses et inaltérables amitiés.

L. DE C.

XXXVI

Révérend et bon Père,

J'ai lu la brochure que vous avez eu la
bonté de me signaler. C'est un peu vif. Il paraît cependant qu'on aurait pu y ajouter beaucoup d'anecdotes piquantes et croustillantes ;
l'auteur le laisse entendre. Des amis de Mon-
tauban et des connaissances de Bretagne m'en
ont raconté quelques-unes et je n'ai aucune
raison de douter de leurs informations.

Le P. M... m'affirme qu'il est de notoriété

6.

publique là-bas que la petite fille est l'œuvre de l'ex-religieux. Comme je me récriais en alléguant qu'il est bien difficile d'être certain de ces choses, il est entré dans des détails antérieurs et postérieurs qui m'ont renversée.

— Du reste, a-t-il conclu, vous n'avez qu'à regarder l'enfant et l'abbé ; la ressemblance est extraordinaire.

— Le hasard, l'imagination...

— N'ont point cette efficacité et cette précision.

C'est regrettable, mais il ne faut ni s'en troubler ni s'en étonner ; l'abbé G... n'est pas le premier et ne sera pas le dernier, si le monde dure quelques jours encore.

Adieu, Révérend et bon Père, priez pour moi.

Votre dévouée

E. M.

XXXVII

Mon bon et Révérend Père,

J'étais il y a deux heures au parloir des Postes, avec le P. G... Nous causions tranquillement, lorsqu'il se lève tout à coup :

— Pardon, chère Madame, mais il faut que je parte.

— Si pressé que cela ?...

— Oui et je crains d'être en retard.

— Allez-vous entendre quelque beau sermon ; celui du P. O... ?

— Non, je vais faire un baptème.

— Vous voilà donc curé ? Vous en avez assez bien la tournure.

— Devinez le nom du père et de la mère.

— Que voulez-vous ? Paris est si grand ! et je ne tiens note ni des conceptions ni des accouchements.

— Jetez-vous votre mauvaise langue aux minets ?

— Oui.

— Eh bien ! c'est un fils ou une fille de Mme et de M. de L... Je suis leur baptiseur attitré.

— Et pourquoi pas le curé ?

— Mme de L... ne veut pas d'un prêtre séculier.

— La raison ?

— Elle craint que le sacrement ne soit pas valide, faute d'intention.

— C'est un outrage.

— C'est une folie.

— Et vous vous prêtez à ces caprices ?...

A votre place, je l'aurais joliment rembarrée. Est-on impertinente à ce point ?

Bref, le bon gros P. G... est parti, en faisant craquer le parquet. Je lui demanderai des dragées que je conserverai dans une boîte avec une inscription.

Adieu, mon bon et Révérend Père, ne me dénoncez pas, et croyez-moi votre bien respectueusement dévouée

A. B.

XXXVIII

Mon Révérend Père,

Je suis très mécontente et avec raison ; vous allez en juger.

J'ai reçu, il y a un mois à peu près, la visite du R. P. Tour... que je n'avais pas l'honneur de connaître. Il s'installe sur un fauteuil et sans rime ni raison se met à me parler de mon mari, du sort éternel de son âme, de mes devoirs envers le cher défunt. J'étais ébahie, agacée ; mais ces discours-là font impression, même si le passé n'a pas été heureux.

Quand le Père m'a jugée suffisamment émue, il m'a prise directement à partie et m'a déclaré que je devais abréger le Purgatoire probablement long et douloureux de celui dont la mort m'a séparée, sans rompre les liens et les devoirs qui nous attachaient. Qui sait si je n'ai pas été cause de ce qu'il endure ?

L'affection, la gratitude, la justice veulent que je fasse quelque chose. Quoi ? Une aumône ; et la meilleure des aumônes c'est celle que l'on fait aux missionnaires qui vont porter aux païens la connaissance de Jésus-Christ, c'est-à-dire, la Vérité en cette vie et le Ciel en l'autre.

Chacun doit donner suivant ses ressources et suivant son cœur. Je ne puis offrir moins de dix mille francs : c'est la petite somme nécessaire pour fonder une chrétienté. Me voilà taxée.

De guerre lasse, suffoquée, effrayée, je promets, en termes un peu vagues ; mais le P. T... ne prétend pas me laisser d'échappatoire et il me fait signer, séance tenante, un papier. Je désirais tant être débarrassée de sa présence et de ses importunités que je l'ai fait.

Il a fallu s'exécuter. Malheureusement mes affaires ne sont pas aussi brillantes que ce

Père le pense ; il y a beaucoup de dettes que je ne puis crier sur les toits et je serai pendant longtemps dans une gêne réelle. Il m'a fallu emprunter les dix mille francs que je viens de verser ; ce qui a dû produire mauvais effet.

Pardon, mon Révérend Père, de vous écrire tout cela ; vous n'y êtes pour rien et vous n'y pouvez rien ; mais vous avez toujours été si bon pour moi, que je ne veux avoir rien de caché pour vous. Cela me soulage. J'espère que cette mauvaise humeur n'enlèvera pas tout son prix à mon sacrifice.

Adieu, mon Révérend Père ; priez pour moi et les miens et bénissez nous tous.

Votre bien respectueusement dévouée

L. V.

XXXIX

Mon Révérend Père,

Mon confesseur veut que je quitte ma place, parce que je dois ouvrir la porte à l'amant de Madame et les aider dans leurs rendez-vous. Cela me semble dur.

Je ne vais pas les chercher ; je ne les encourage pas ; je ne suis pas chargée de les surveiller et de les corriger. Je fais machinalement ce qu'on m'ordonne sans l'apprécier ; si je ne le fais pas, d'autres le feront. D'ailleurs, je suis censée ne rien savoir et jamais Madame ne m'a dit que M. de la V... fut son amoureux.

Je ne puis pas en douter, c'est vrai ; mais enfin je ne tiens pas la chandelle tant qu'ils sont ensemble. J'ouvre et je ferme des portes, je porte de l'eau, je fais des lits ; le reste ne me regarde pas ; c'est l'affaire du mari. Ce que je fais est honnête.

Si l'on me demandait quelque chose de vilain, passe ; mais tout est correct, en apparence, et je suis respectée. Si je m'en vais d'ici, où irai-je ? Ailleurs ce sera peut-être pire ? Quant au danger de perversion, il n'y en a pas ; ce que je soupçonne me dégoûte plutôt.

Veuillez me dire, mon Père, ce que je dois faire. S'il le faut absolument, je m'en irai, car je veux sauver mon âme.

Votre enfant

L. J.

XL

Mon Révérend Père,

Le Père S... désire absolument que j'aille
faire une retraite de huit jours et s'offre à me
la donner. Il est certain, dit-il, que j'ai la vocation religieuse.

Or, je n'ai jamais songé à me faire religieux
de n'importe quel ordre, ni même prêtre ; j'ai
toujours eu l'idée d'être soldat et de me marier
ensuite pour avoir beaucoup d'enfants, si
Dieu le veut.

Je ne sens nullement le besoin de faire cette
retraite, surtout une retraite de huit jours.
J'admire, de loin, ce genre d'exercices, mais,
mon tempérament ne s'y prêterait guère et je
risquerais d'y perdre la tête. Deux jours m'ont
toujours suffi pour voir ce qui m'est utile et
pour prendre plus de résolutions que je n'en
tiendrai jamais.

Enfin, si je me décidais à cette retraite, le
P. S... serait le dernier des guides auxquels
je m'adresserais. Je lui crois tous les mérites

naturels et surnaturels ; mais ses façons ne me
vont pas et son jargon mystique m'horripile.
J'ai tort, mais c'est plus fort que moi ; j'ai
été souvent tenté de le lui crier. Ne pourriez-
vous pas le lui faire entendre, doucement si
c'est possible, rudement s'il le faut ?

Adieu, mon Révérend Père, et merci.

Votre enfant

P. L.

XLI

Mon Révérend Père,

J'ai compris qu'on vous avait fait de fâcheux
rapports sur mon compte. C'est Mme W... qui
a eu cette charité, entre deux prières. Je devine ce qu'elle vous a dit de moi, de ma
femme et de mes beaux-parents. Pas un brin
de vérité dans tous ces commérages de jalousie
sans conscience ; vous pourriez vous en assurer ; mais cela ne vaut pas la peine de faire
des enquêtes.

Tout n'est point parfait chez nous ; mais,

grâce à Dieu, l'honneur, l'accord et le travail règnent à la maison; la défiance n'en a jamais franchi le seuil. Mon beau-père s'occupe de ses entreprises et m'a proposé de m'y associer. J'ai demandé la permission d'examiner, tout en exprimant ma reconnaissance.

Ma belle-mère est parfaite, non seulement pour sa fille, mais pour moi.

Dès le premier jour de notre mariage, elle a remis à ma femme la direction de l'intérieur et ne donne des conseils que si on lui en demande, toujours de façon charmante. Sa préoccupation en ce moment est pour le bébé qui ne tardera guère d'apparaître. Elle est toute aux langes et aux bonnets. Telle est la pure vérité, mon Révérend Père.

Bénissons-en Dieu.

Votre affectionné

R. D.

XLII

Révérend Père et cher ami,

Avez-vous entendu parler de ce qui vient d'arriver à nos bonnes amies les R...? Je parie que non, car on cherche à étouffer l'affaire et on espère, grâce à de hautes influences, y réussir. Je tiens le récit du P. de F... qui est au courant de tout ce qui se passe sous le ciel.

Ces bonnes Dames recevaient dernièrement une postulante dont elles étaient très fières, une ancienne élève, très pieuse, très distinguée, très bien apparentée, très riche. On comptait sur sa « capacité » pour en faire plus tard une supérieure, sur ses relations pour attirer des élèves et des novices, sur sa dot pour achever les bâtisses et ajouter à la chapelle des embellissements qui devaient en faire un bijou sans pareil.

Trois mois après son entrée, cette novice incomparable est souffrante, lasse, pâlie. On s'empresse, on tente tous les remèdes. La fille enfle, grossit, a des maux de cœur et des nausées, marche avec peine. On parle de fibrôme, de cystite, d'hydropisie, etc. Deux mois se passent avec des alternatives de haut et de bas. Enfin on se résout à faire venir le médecin, malgré la répugnance de la principale intéressée. Le docteur arrive et, après un regard, demande à rester seul avec la malade. On hésite ; mais la faculté ordonne, il faut obéir. Que se passa-t-il alors ? C'est un secret.

A la sortie de la chambre, le docteur est entouré pressé de questions. Il répond froidement que ce ne sera rien, qu'il n'y a rien d'anormal, qu'il n'y paraîtra plus dans quelques jours, au plus dans quelques semaines. Tout le monde se retire rassuré ; la maîtresse des novices et la Mère Supérieure restent seules. Le médecin se tourne alors gravement vers elles et leur dit :

— Ce n'est pas un médecin qu'il vous faut, c'est une sage-femme. Cette jeune fille était enceinte lorsque vous l'avez reçue et elle va bientôt accoucher. Tout fait espérer d'ailleurs que les choses se passeront bien.

Jugez de l'effet de ce petit discours !... O murailles virginales !...

Nos deux Mères crurent qu'elles étaient folles et que le médecin avait perdu la tête. Il fallut bien se rendre à la réalité.

Que vont faire nos discrètes personnes de cette jeunesse sur laquelle se fondaient tant de rêves ? On ne peut la jeter dehors de peur de la voir accoucher dans la rue. Elle attendra donc sa délivrance dans une cellule de l'infirmerie, aussi secrètement que possible. Il est probable que la sainte Clôture n'avait jamais rien vu de pareil. Si le nouveau venu manifeste l'intention de vivre, la chose est claire ;

s'il mourait, peut-être garderait-on la mère
parmi les « Vierges » du Seigneur, comme
vous dites dans vos prédications.

Toute cette histoire est livrée à votre prudence ; c'est bien entendu. Le Père de F...
ne me confierait plus rien de quinze jours,
s'il savait que je l'ai trahi.

Adieu, Révérend Père et cher ami ; n'envoyez pas sous les grilles les riches héritières,
sans... j'allais dire une sottise.

Il vaut mieux finir en vous offrant les respectueuses salutations de

Votre très dévouée

B. N.

XLIII

Mon Révérend Père,

Y aurait-il beaucoup d'indiscrétion à demander ce que peuvent bien se dire Mlle H...
et le P. C. S... dans leurs interminables nez à
nez de tous les jours, au confessionnal et au
parloir ? Il faut que cette âme soit bien précieuse, bien difficile à conduire, pour que son

directeur lui consacre ainsi une dizaine d'heures par semaine. Ce temps suffirait à confesser un régiment de dragons.

Sérieusement, mon Révérend Père, ces intimités sans fin sont quelque peu ridicules, pour ne rien dire plus. On en jase et de façon peu édifiante.

On a tort, répondrez-vous, et il n'y a pas lieu de soupçonner le moindre mal. Je ne demande pas mieux; mais il y a des jugements qui s'imposent et des faits qu'on ne peut que bien difficilement justifier. Mlle H... est fille d'Ève et elle n'est point devenue ininflammable en doublant le cap de la quarantaine. Le P. C. S... n'est pas non plus confirmé en grâce; Salomon, beaucoup plus sage et plus vieux, est joliment tombé. Si le feu touche le bois sec, il faut s'attendre à voir le tas flamber.

Pardonnez-moi, mon Révérend Père, de me faire l'écho très affaibli du public; vous êtes averti.

Votre obéissante et respectueuse enfant

W. N.

XLIV

Bon Père,

Le prédicateur d'hier nous a plusieurs fois
affirmé que l'aumône couvrait les péchés.

J'en ai beaucoup commis et de gros.

De la tête aux pieds, de droite à gauche,
toute ma pauvre personne n'est qu'une souil-
lure. Il faudrait donc beaucoup de pièces d'or
pour cacher cette misère et en plus d'un endroit il serait bon de les empiler. La surface
est vaste. Malheureusement, je n'ai guère en-
tassé ; ce qui venait par le fifre s'en allait par
le tambour. Je suis donc forcée de me modé-
rer, même dans le repentir et d'effacer seu-
ment ce qu'il y a de plus alarmant dans le
passé.

Je vous envoie un billet de mille francs pour
les œuvres qui nous ont été recommandées.

Si je faisais davantage, je serais obligée
d'aller nue, cet hiver ; il y aurait peu de danger pour la morale publique, à mon âge ; mais
je compromettrais ma santé.

Adieu, bon et cher Père; priez pour une pauvre pécheresse qui a plus de confiance en vous qu'en elle-même et qui compte sur la miséricorde de Jésus-Christ beaucoup plus que sur ses misérables aumônes.

Votre reconnaissante

E. A.

XLV

Cher Père,

Pendant votre absence j'ai été à confesse. Celui auquel je me suis adressée m'a posé un tas de questions, à faire rougir un homard, sur mes rapports avec mon mari et tout le tremblement. En voilà un qui est pour la re-population! On voit bien qu'il est dispensé d'y travailler.

C'est tout juste s'il m'a donné un bout d'ab-solution, en me faisant promettre quantité de choses que je n'ai comprises qu'à demi. Je me suis exécutée à tâtons pour en finir; mais il faut tirer les choses au clair. Mon imagination bat la campagne.

J'irai vous voir le plus tôt possible. Pas au confessionnal, ce serait trop long ; celles qui viendraient après enrageraient et croiraient que j'ai saccagé les commandements ; mais au parloir où l'on a plus de loisir et de liberté.

Adieu, cher Père, et croyez que je suis plus que jamais votre fidèle et reconnaissante

M.

XLVI

Mon bien cher Père,

J'avais conduit mon mari au sermon diman-che dernier. Ça a été un désastre. Le prédica-teur, un blondin aux yeux bleus qui sourit en cœur, a fait un parallèle entre la virginité et le mariage. Celui-ci était naturellement mis plus bas que terre.

Je n'y voyais pas d'inconvénient ; mais mon mari m'a entreprise sur ce chapitre et a essayé de me prouver que l'orateur ne savait pas ce qu'il disait et qu'il en était ainsi de tous ses confrères.

Ses objections ne m'ont pas persuadée, car j'ai pour principe qu'il ne faut jamais se laisser battre par son mari ; mais elles m'ont embrouillée ; Paul est très fort.

Évidemment, dit-il, une jeune fille vierge est préférable à une fille qui ne l'est pas, lorsqu'il s'agit de mariage ; comme une jupe neuve est préférable à celle qui a des trous ; mais jupe et fille sont faites pour qu'on s'en serve ; c'est leur fin, et qui n'y touche pas de crainte de les chiffonner est un sot. La vierge est inutile, au moins en partie ; c'est un arbre qui ne donne pas de fruits.

Il faut de l'héroïsme, assure le prédicateur, pour garder la virginité jusqu'à la mort. Soit ; mais qu'est-ce que cela prouve ? Montaigne avait déjà dit qu'un pucelage est plus difficile à porter qu'une cuirasse. Quelqu'un qui passerait sa vie sans ouvrir les yeux, sans remuer la langue, en ne marchant que sur un pied ou en ne se servant que d'un bras, serait héroïque aussi, si vous appelez héroïsme toute obstination, toute privation même déraisonnable. Et après ?

Dieu nous a donné des facultés ; c'est pro-

bablement pour que nous les exercions. Quel
a été le sort du serviteur qui avait caché son
talent dans son mouchoir, au lieu de le faire
fructifier ?

Les plaisirs de la chair sont grossiers, bru-
taux, avilissants, ennemis de la raison qu'ils
paralysent et obscurcissent. Est-ce bien sûr,
et qu'en sait le blondin ?

L'abus doit-il faire supprimer l'usage ? Les
plaisirs de la table sont-ils beaucoup plus fins
et ferait-on mieux de ne plus manger, de ne
plus boire, de ne plus dormir parce que l'ivro-
gnerie est déplorable ? On irait loin avec ce
principe.

La saveur agréable des mets excite à manger
et à prolonger la vie ; le plaisir amoureux
pousse à procréer et à donner la vie à d'autres ; dans l'un et l'autre cas il faut admirer la
sagesse de la nature qui a su choisir les
moyens pour assurer la fin. Plus le plaisir at-
taché à un acte, à une fonction, est naturel,
universel, irrésistible, plus il prouve que l'acte
et la fonction sont utiles, conformes au plan
général, bons par conséquent et dans l'ordre.
Les supprimer c'est se révolter. Cela n'est-il
pas clair comme eau de roche ?

La femme qui a donné des enfants est la
vigne chargée de belles grappes ; les vierges

sont les figuiers stériles de nos climats, dont le feuillage n'offre qu'un vain plaisir aux yeux du voyageur qui traverse la plaine.

S'agit il de dévouement ? qu'y a-t-il de comparable à celui de la mère ? Elle donne sa beauté, elle donne son repos, elle donne son lait, elle donne sa vie, sans compter, sans faire un retour sur elle-même. Sa vie est un sacrifice complet de tout son être à son mari et à ses enfants. C'est le type de l'immolation. Mettez en regard l'égoïsme légendaire de la vieille fille, qu'elle vive dans le monde ou dans un couvent. Demandez à la religieuse la plus dévouée de faire une fois ce que la mère la plus vulgaire fait des milliers de fois. Combien de jeunes filles et de jeunes gens n'entrent en religion que pour éviter les charges et les dangers de la famille !

Et si l'on analysait bien, que de dévouements admirés et admirables n'apparaîtraient guère que comme des dérivations de l'instinct paternel ou maternel; tant il est vrai qu'on ne se soustrait pas impunément à une tendance naturelle, c'est-à-dire à une loi divine !

Si l'on va plus à fond, quelle œuvre plus belle, plus sublime que celle de répandre la vie, de coopérer avec Dieu dans la création des âmes immortelles, destinées à être heureuses sans fin, à porter à un degré éminent la ressemblance divine !

Le sacrement de Mariage est-il donc une tromperie ? En réalité, plus on y réfléchit, plus les pères et les mères de la terre se rapprochent du Père qui est aux Cieux. La fécondité doit l'emporter sur la stérilité, comme l'être sur le néant.

Le chef-d'œuvre serait d'unir les deux, d'avoir à la fois les attraits de la Virginité et les trésors de la Maternité ; mais la sagesse et la toute-puissance n'ont réalisé ce miracle qu'une fois. La loi commune est que la fleur tombe quand paraît le fruit. La vierge ne conserve même pas l'une en empêchant l'autre de germer.

L'instinct populaire ne s'y trompe pas. Dans tous les temps et dans tous les pays on a célébré la jeune vierge, belle et robuste, qui n'attend que les embrassements de l'époux hardi et fort, pour devenir une mère vénérable. Partout au contraire la vieille fille a été l'objet du ridicule et de la pitié. C'est une fleur fanée qu'on jette sans un regret.

Pour échapper à ce triste sort, à cette dépréciation, les vierges ont besoin de se signaler par d'extraordinaires services, qui sont comme

un équivalent de la maternité qui leur manque ; mais combien peu arrivent ainsi à forcer
le respect ou simplement à se faire pardonner leur stérilité volontaire !

Je vous donne une analyse bien froide de ce
réquisitoire contre la virginité, plutôt que
contre les vierges. Il faut entendre mon mari
quand il est lancé sur ce sujet ; il est superbe ;
sans le croire, je l'admire. Peut-être a-t-il
raison ? En réfléchissant un peu, mon expérience ne lui serait pas défavorable. Les vieux
garçons ne passent pas pour la fleur des pois ;
il est vrai que beaucoup ne sont guère vierges.
Les vieilles tantes ne sont guère sympathiques, même lorsqu'elles sont des tantes à héritage. Restent les vénérables légions des religieuses de tout habit et de tout emploi,
enseignantes, charitables, contemplatives,
propres à tout et à rien. Il y a quelques admirables filles ; elles le sont devenues non pas à
cause de leur virginité mais malgré leur
virginité. Encore faudrait-il retrancher celles
qui sont restées vierges parce qu'elles n'ont
pas pu faire autrement. Il existe au fond des
campagnes de pauvres femmes qui leur sont
égales et supérieures, parce que ce sont de
vraies mères.

Adieu, mon bien cher Père. Pardonnez-moi ce fatras. Je veux débattre la question avec vous, et pour que vous puissiez vous préparer, je vous livre mon plan de bataille. Ce n'est pas vous prendre en traîtresse.

Votre invariablement affectionnée

J. P.

XLVII

Mon bon et brave Père,

Je vous envoie mon petit tribut annuel : papier à lettre, enveloppes, cartes postales, cartes-lettres, cartes pneumatiques, timbres, etc. Tout ce matériel est privilégié ; au lieu de servir à transmettre des banalités, des inepties, des mensonges ou quelque chose de pire, vous le forcerez à être votre instrument d'apostolat ; vous n'y écrirez que des choses vraies et de bons conseils. Que Notre-Seigneur vous inspire, pour la gloire de son Père et le salut des âmes !

Il se mêle toujours un peu d'égoïsme dans ce que nous faisons, nous surtout, pauvres femmes; et trop souvent l'égoïsme prend tout. J'espère que vous ne m'exclurez pas du nombre de vos correspondantes et que vous me rendrez quelques-uns de ces cartons, chargés de votre chère écriture. Ils m'apporteront ainsi lumière, force et consolation. Vous savez que j'ai grand besoin de tout cela et que Dieu s'est souvent servi de votre main et de votre cœur pour le faire arriver jusqu'à moi.

Adieu! mon bon et brave Père. Je me recommande à votre souvenir et à vos prières.

Votre reconnaissante et dévouée

B. G.

XLVIII

Mon Révérend Père,

J'ai assisté hier pour la première fois à un dîner décolleté. Pendant qu'on me « déshabillait » je songeais à la vénérable Mère Saint H... et à ses interminables remontrances. M'a-t-elle fait rêver, la digne femme, en me parlant des artifices du malin, de la lyre enchan-

téresse de la volupté, de la coupe d'or pleine
d'un breuvage empoisonné ! Je crois qu'il ne
faudrait jamais parler ainsi aux petites filles.
Ces figures mystiques qui veulent terrifier,
donnent des envies irrésistibles et font soupçonner des abîmes de perversion où il n'y a
pas l'ombre du plus petit danger.

Il est ailleurs le danger, là où vos prédicateurs et vos confesseurs ne le soupçonnent
presque jamais.

Nous voilà donc au salon, puis dans la salle
à manger. Je regardais de tous mes yeux, un
peu tremblante lorsqu'on me prit le bras. On
s'observe d'abord et la tenue est très digne.
Petit à petit, le bruit, le vin, les mets, la chaleur aidant, on se met à l'aise ; on parle plus
haut et les poses sont moins raides. Comme je
suis encore parmi les non-valeurs, j'en profite.
Oh ! si le professeur de dessin avait été là !
Quelles académies pour la caricature !

C'est d'abord la grosse Mme D... avec son
nez perdu au milieu de ses joues, sa cascade
de mentons et deux énormes ballons qui semblent vouloir sortir du corsage et monter au
plafond. Quand elle rit, toute cette chair trem-
ble et remue comme de la gélatine. Quelle
avalanche lorsque le corset ne retient plus ces
masses !

Tout près est Mme A... courte, rebondie, luisante, une pivoine qui va éclater. Étoffes, peau, on craint que tout craque ; des cheveux frisottants, des yeux malins, un sourire béat qui veut plaire ; l'ensemble est insignifiant et sensuel.

En face Mlle de P... quarante ans, figure sèche, poitrine plate, teint jaunâtre, des os pour bras et pas d'épaules. Ses yeux durs, ses lèvres pincées, sa bouche de travers lui donnent une expression de méchanceté comique. Quoique riche, elle n'a pas trouvé de mari, dit-on, et je ne m'en étonne pas.

Sur les côtés, deux jeunes filles ; l'une a l'air phtisique et l'autre a été ravagée par la petite vérole. Elles sont fardées, peintes, émaillées. Sans me flatter, je suis encore ce qu'il y a de mieux et si je ne l'avais pas su, mille petites prévenances de la part des hommes et autant de dédains de la part des dames me l'auraient appris. Mes deux amies affectent de me parler du couvent et me demandent des nouvelles des Mères qu'elles y ont connues, des camarades de classe à noms sonores, des Pères du L... et de B... Je comprends à merveille leur manège, et je tâche, sans en avoir l'air, de le ruiner.

Les hommes sont encore plus insignifiants

et plus comiques dans leurs habits de gala. Ils interrompent une conversation d'affaires pour décocher un compliment d'une banalité désespérante. C'est du « Labiche » dont on aurait enlevé l'esprit et le pittoresque. Deux jeunes gens sont assez bien, lorsqu'ils ne se mettent pas en frais d'amabilité. Ce qui domine, c'est la vanité qui veut jeter de la poudre aux yeux et dénigrer sournoisement les rivaux.

Voilà, mon Révérend Père, les impressions de ma première soirée. Rien d'étourdissant et de dangereux. Ce qui nous perd, ce ne sont pas les réalités vivantes que le hasard met sous nos yeux ; ce sont nos imaginations et nos rêves. L'ennemi c'est notre sexe, notre cerveau, nos nerfs, nos lectures, et un peu les fantômes créés par les Prédicateurs.

Adieu, mon Révérend Père, priez pour moi et aimez-moi toujours.

Votre enfant respectueusement dévouée

F. J.

XLIX

Mon Révérend Père,

Je vous envoie le manuscrit dont je vous ai parlé. Je ne l'ai pas obtenu sans difficulté. Le brave auxiliaire qui en est l'auteur voulait absolument le publier, même à ses frais, pour se venger de je ne sais quelle avanie que le R. P. H... lui aurait faite.

Je lui ai fait observer que ce serait mal de sa part, qu'il finirait par être connu, que les Pères se vengeraient implacablement.

— Et quel dommage peuvent-ils bien me causer ?

— D'abord vous renvoyer, ensuite vous dénoncer à l'Archevêché, enfin vous fermer toutes les issues et vous faire mourir de faim. Ils ont les bras longs et ils ont la haine encore plus longue que les bras. Ils ne vous pardonneront jamais ; partout vous les trouverez sur votre chemin pour vous nuire. Croyez-moi, ne jouez pas ce jeu d'enfer où vous êtes certain de perdre la partie. Même en supposant que tout ira comme vous le désirez, qu'obtiendrez-vous ? Une abeille n'arrête pas un train. Ce sera un rayon de plus à l'auréole des martyrs. Vous serez bien avancé !

A force de démonstrations et d'instances, j'ai obtenu le chef-d'œuvre qui venait d'être accru d'un chapitre. J'ai promis de ne le montrer à personne et de le détruire. Lisez-le et, si vous le jugez utile, faites-en prendre une copie ; mais rendez l'original, afin qu'un de ces jours je puisse le jeter au feu devant l'auteur.

Il est bien entendu qu'il ne doit jamais soupçonner que je vous l'ai communiqué. Vous savez quelle est la violence de son caractère ; je passerais certainement un mauvais quart d'heure, s'il découvrait ma petite trahison.

Je cherche toujours quelques répétitions. Elles m'aideraient à supporter mes charges de famille, qui sont lourdes. Je n'ose insister auprès du P. H... Il prétend que les professeurs doivent tout leur temps et toute leur application à leur classe. La mienne n'aurait rien à souffrir de ce surcroît de travail. Je ne sors jamais ; ce serait une utile distraction.

Adieu, Révérend Père. Je me recommande à votre bon souvenir.

Votre très reconnaissant et très dévoué

G. B.

L

Mon Révérend Père,

Je regrette de n'avoir pas été assez habile pour vous voir au passage. J'aurais été bien aise de causer avec vous de ce qui s'est passé par ici. J'ai peur que vous ne soyez pas au courant des faits et que vous ne preniez une fausse route par excès de bon cœur et de zèle.

Le malheureux P. G... est réellement coupable de tout ce dont on l'accuse et de bien d'autres choses qu'on ne soupçonnne pas. Le doute n'est pas possible. Les parents de plusieurs petites filles ne se plaindront pas ; ce sont de simples et braves gens, et on les tient.

Les juges ne sont pas malveillants ; ils

n'ont retenu des faits délictueux que ce qu'ils
ne pouvaient laisser passer et ils ont fait le
moins de bruit possible autour de cette déplorable affaire. Quelques-uns des Nôtres, parmi
les jeunes surtout, sont bien injustes et bien
imprudents lorsqu'ils écrivent qu'il faut voir
là une manœuvre de la franc-maçonnerie.
Hélas !...

On craignait une campagne des journaux
parisiens ; il n'y en aura pas. Nos amis, P.
de C... en particulier, sont intervenus auprès
de leurs confrères pour obtenir le silence ; on
m'assure que Mme de C..., à la prière du P. T...
à qui elle ne peut rien refuser, a été trouver
R... et lui a demandé le sacrifice d'articles
tout prêts, comme un service personnel. Le
vieux Lanternier s'est souvenu qu'il était
gentilhomme, il s'est incliné.

Le cas était mauvais ; mais tout a été mené
de façon déplorable. Le P. de G..., plusieurs
fois averti, n'a jamais voulu prendre les précautions les plus élémentaires. Le P. D...,
prévoyant ce qui allait arriver, s'était procuré
des habits civils pour faire passer le misérable à Jersey. Il a couru avertir le Provincial
et, par la maladresse des portiers, n'a réussi
à le voir que deux ou trois heures après son
arrivée à Paris. Ce retard lui a fait manquer

le train sur lequel il avait compté. A son retour à la résidence, le P. G... venait d'être arrêté depuis une heure à peine.

Ses premières réponses ont été maladroites.

Vraiment notre maison n'a pas de chance. Le suicide du P. A... n'était pas encore oublié, et voilà pire ! La condamnation est inévitable ; tout ce que l'on peut espérer de la bienveillance des jurés et des juges, ce sont des circonstances atténuantes. Il leur serait si aisé d'en trouver d'aggravantes.

Le pauvre P. de G... est très affecté de tout cela. Assurément ce n'est pas sa faute. Quelques-uns de nos amis disent cependant tout bas qu'il aurait pu être plus circonspect et plus énergique ; mais à son âge l'hésitation est excusable. Peut-être n'aurait-on pas dû le nommer supérieur.

On dit que le T. R. P. Général a été douloureusement surpris par ce scandale et qu'il enverra une lettre circulaire à toutes les Provinces de France.

Adieu, mon Révérend et bien cher Père ; j'ai cru bon de vous faire connaître ces détails pour que vous agissiez en connaissance de cause ; faites-en l'usage que vous jugerez à propos.

Je me recommande à vos prières et à vos SS. SS.

$$R^{re}\ V^{re}\ servus\ et\ frater\ in\ X^{to}$$

D.

LI

Mon Révérend et bien cher Père,
P. C.

Vous recevrez, un de ces jours, la visite d'une jeune et charmante Bordelaise, Mlle N... Son père est médecin estimé, sa famille bien posée. Quoiqu'elle ait à peine vingt-deux ans, elle a toutes sortes de diplômes. Elle écrit en prose et en vers ; elle connaît le latin et surtout le grec, beaucoup mieux que nos meilleurs juvénistes. Sous une apparence frêle et un peu enfantine, elle est très sérieuse et très énergique. Elle a du sang irlandais.

Son ambition serait d'abord de gagner sa vie pour soulager sa famille ; ensuite d'entrer dans la littérature. Elle a quelques vagues protections ; mais j'ai peur que son joli minois ne lui en fasse trouver d'autres. Aidez-la de vos conseils en tous genres et de votre dévouement.

Si par vous-même ou par d'autres vous pouviez lui trouver auprès de quelque bonne dame une place de secrétaire, de lectrice, ou quelque chose de semblable, je suis sûr qu'on serait content d'elle. Vous lui auriez rendu grand service, quand même elle gagnerait peu.

Pardon, mon Révérend et bien cher Père, et merci d'avance. Je me recommande à vos prières et à vos SS. SS.

Servus et frater in X^{to}

E.

LII

Révérend et cher Père,

Vous me demandez l'histoire du « Parc aux huîtres »; je vais vous la conter en peu de mots.

On avait annoncé qu'un de vos Pères devait

prêcher le Carême, et ses ferventes étaient
accourues en bataillon serré. Quand elles
virent en chaire le grand P. G..., avec son
froc blanc, elles ne purent dissimuler leur
dépit et sortirent en masse. Cette incartade
ne leur suffit pas. Le dimanche suivant et
jusqu'à la fin, elles louèrent une cinquantaine
de chaises tout près de la chaire, afin de faire
le vide, au moins à cet endroit. Elles y réus-
sirent assez bien, quoique le reste de l'église
fût rempli.

Le P. G..., qui n'est ni un naïf ni un timide,
s'aperçut de ce manège ; il est même probable
qu'on l'en avertit. Il ne dit rien. Seulement,
le dernier jour, après avoir remercié son
auditoire, il ajouta :

— Je dois vous féliciter encore d'une chose.
On m'avait signalé tout près de ma chaire un
écueil dangereux, où ma parole ne trouverait
pas d'écho, et l'on m'avait dit que cet espace
réservé s'appelait « le Parc aux huîtres ». En
arrivant, j'y jetais un coup d'œil défiant ; mais
jusqu'à la fin j'ai eu la joie de voir le parc
désert. Je n'ai eu devant moi que des visages
bienveillants, des intelligences vives et des
cœurs ouverts à l'Évangile, que j'avais mission de vous annoncer.

C'est le sens ; pour apprécier la saveur du

morceau, il faudrait avoir le texte même et se représenter exactement les circonstances. Il paraît que c'était charmant d'à-propos et de fine ironie.

Quand les bonnes amies ont rapporté ce compliment aux auteurs du complot, les pauvres femmes enrageaient. Quelle vengeance imagineront-elles?

C'est tout. Vous voyez que le trait n'est pas horriblement noir et que cette gaminerie de dévotes compromettantes a reçu tout juste le châtiment qu'elle méritait.

Adieu, Révérend et cher Père. Tout est bien ici; demandez que cela continue et croyez-moi toujours votre fidèle et dévouée

J. D'A.

LIII

Bien cher Père,

Vous me parliez avant-hier de cette chère M... et vous désiriez avoir de ses nouvelles « vraies ». Hélas! ce n'est pas beau. Ce jeune homme si aimable, si doux, si élégant avant le mariage, est en réalité un forban, qui n'a épousé sa femme que pour le sac. Il apporte des dettes et une détestable conduite. Je ne sais comment il a réussi à enjôler le P. F... à ce point.

Si le P. F... ne l'avait point tant vanté et s'il ne s'était porté garant de son protégé, le mariage ne se serait certainement pas fait. On aurait été aux informations et le pot-aux-roses aurait été découvert à temps, car la réputation de l'hypocrite est faite dans les milieux où il fréquente. C'est un paresseux qui a vécu de sales industries, un joueur peu délicat, un coureur de filles, et quelles filles! Non seulement il néglige sa femme pour passer ses nuits on ne sait où, mais il la rudoie; si j'ai bien compris, il irait jusqu'à la frapper. Tout cela de sang-froid.

La pauvre enfant est enceinte de cinq à six mois. Jugez de la situation; elle si dorlotée, si bien élevée, d'âme si aimante, se voir livrée à ce goujat! Elle reçoit assez souvent Mme R... qui a su gagner sa confiance et qui lui fait beaucoup de bien. C'est elle qui m'a raconté confidentiellement ces misères. Vous ne reconnaîtriez plus la gracieuse pensionnaire de la rue de Varenne.

8.

Ce qui surprend Mme R... c'est le bon sens, la décision et la fermeté de caractère de la jeune femme. On n'aurait jamais soupçonné tant de ressources dans cette mignonne personne. Elle ne se plaint jamais, ne parle jamais de son intérieur; si elle ne sourit plus beaucoup, on ne la voit jamais pleurer. Dernièrement, son amie lui parlait du P. F... et des Mères :

— Je vous en prie, a-t-elle répondu, ne prononcez jamais ces noms-là devant moi; cela m'est trop pénible.

Elle veut éviter les commotions qui pourraient nuire à son enfant; c'est son unique souci, et elle trouve dans cette résolution des forces surhumaines.

Si les couches sont heureuses, ce que tout fait espérer, Mme R... est convaincue que M... demandera la séparation de corps, peut-être même le divorce; mais elle veut évidemment qu'on lui laisse son enfant. Elle n'entamera un procès que lorsqu'elle sera sûre du résultat final. Les motifs et les preuves ne lui feront pas défaut.

Voilà comment finit un beau mariage! Les Pères ne sont décidément pas heureux dans leurs négociations.

Ne soufflez mot de toutes ces souffrances

ni aux Pères, ni aux Mères, ni surtout à Mme R...; elle devinerait vite comment vous les avez connues et elle m'en voudrait mortellement. Elle ne parle jamais du bien qu'elle fait et ne veut pas qu'on le sache. Le cas est assez rare pour être noté.

Nous aurons bientôt notre vente; je compte sur de bonnes recettes ; mais, qu'il faut se démener pour aboutir! Quiconque n'est pas insinuant et ne sait pas chatouiller la vanité ne sera jamais qu'un médiocre quêteur. Quand on voit les dessous, la Charité elle-même perd de sa beauté. Beaucoup de ceux qui donnent feront bien de ne pas trop parler au bon Dieu de leurs aumônes; s'il leur demandait à qui et pourquoi ils les ont faites, ils seraient bien embarrassés et bien attrappés !

Adieu, mon cher Père; j'irai vous voir dès que j'aurai un peu de loisir et nous causerons longuement de tout cela.

Votre cordialement dévouée

O. P.

LIV

Mon bon Père,

Ma femme de chambre vient de me quitter, pour suivre son mari; c'est son droit et son devoir. Je la regrette, parce qu'elle avait de réelles qualités. Elle connaissait mes habitudes de pauvre vieille et m'épargnait ainsi beaucoup d'embarras. La chère enfant est partie le cœur gros; elle ne pouvait faire autrement et nous nous sommes séparées bonnes amies.

Il m'en faut une autre. Où la trouver? Je ne vois pas beaucoup de monde et je ne voudrais pas m'adresser aux agences. Vous savez ce qui me convient. Il est important qu'elle puisse me faire un peu de lecture, écrire ma correspondance. Je préférerais une jeunesse un peu gaie. La vie n'est pas très folichonne autour de moi, quoique je fasse de mon mieux pour la rendre moins ennuyeuse.

Elle a ses petits avantages. Le service se réduit à peu de chose, puisque le gros est fait par d'autres. Si la jeune fille y met un peu de bonne volonté et de savoir-faire, elle sera traitée comme une petite amie.

Ne pourriez-vous, mon bon Père, me chercher et me trouver au plus tôt cette perle? Pour les conditions, vous pouvez être assez large : ce que vous aurez réglé sera parfait. Je compte sur votre infatigable charité.

Le P. du L... voit beaucoup de jeunes filles et on doit lui en recommander beaucoup. Il pourrait vous donner quelque indication utile ; mais je serais bien plus rassurée si vous vous occupiez personnellement de ce choix.

J'aurais été vous voir ; mais les vieux meubles se déplacent malaisément. Il faut les ménager, même lorsqu'ils ne sont pas précieux ; le moindre choc peut les réduire en miettes.

Adieu, mon bon Père, et merci. Je me recommande à vos prières.

Votre respectueuse et dévouée

S. R.

LV

Cher Père,

Je vous envoie deux billets pour la prochaine séance de l'Académie française. J'espère pouvoir vous en procurer deux autres; mais je n'en suis pas absolument sûre. Je ne veux pas en demander directement au récipiendaire, parce que je sais qu'il est harcelé.

La solennité sera brillante; la politique, la littérature, le journalisme, la finance et le théâtre donnent à la fois. Jugez si les précieux cartons sont recherchés!

A bientôt, cher Père; et, en attendant, respectueusement à vous.

L. B.

LVI

Cher Révérend,

Voici deux billets pour l'Opéra. Je sais bien que vous n'en profiterez guère; votre gravité

serait déplacée au milieu de cet envolement
de choses légères ; mais vous pourrez faire
plaisir à quelqu'une de vos petites amies qui
grille depuis longtemps de voir ce spectacle,
au moins une fois, mais qui n'a pas vingt francs
à sa disposition.

N'en dites rien au bon P. Tr...; il serait
jaloux et m'accablerait de demandes.

Votre dévouée

J. L.

LVII

Mon Révérend Père,

Mon Léopold va être obligé de faire son service militaire. On lui conseille de s'engager
afin de profiter des avantages qu'il peut y
avoir.

Je crois que nous nous y déciderons. Mon
mari et moi nous désirerions beaucoup que le
pauvre enfant pût rester à Paris, ou dans les
environs. Je pense qu'il n'y aura pas de difficultés insurmontables. Nous avons compté

sur votre bonté et sur votre influence pour cela. Le Général de B... et d'autres seront heureux de vous accorder cette faveur.

J'irai vous voir mardi prochain, vers les deux heures, pour en causer avec vous. Soyez assez bon pour m'attendre. Si vous ne pouviez y être ou si vous préfériez venir à la maison, prévenez-moi.

J'ai demandé à M. B... une place pour votre protégé. Il n'y en a pas pour le moment d'assez bonne; mais il y aura bientôt quelque vide et votre jeune homme sera casé. Tenez la chose pour faite.

Respectueuses salutations.

A.

LVIII

Mon Révérend et cher Père,

J'étais au parloir, il y a trois heures, lorsque j'ai vu entrer une superbe fille en toilette claire, avec un chapeau extravagant. Tous les regards se sont levés; on l'a jugée et condamnée en un clin d'œil.

C'est un morceau de choix ; nos habituées ne paraissent que des coquelicots auprès de cette rose. On lui en voulait de jeter dans la gravité du lieu une teinte si éclatante. Sans se déconcerter elle s'est assise et a tranquillement attendu. Qui va venir prêcher cette Samaritaine ?...

La porte s'ouvre enfin et le P. V... paraît.

Il se dirige droit vers la pécheresse (car c'en est une assurément)... Poignée de main. On cause avec entrain, mais à voix trop basse pour que nous puissions rien distinguer de suivi. Tant pis !... On se lève, et avant de se séparer nouvelle poignée de main.

Quelle est cette créature ?... Tout le monde l'ignore ; mais c'est à coup sûr quelque pas grand'chose... Pareille effronterie dans une maison religieuse !... Et pour le bon P. V... quelle imprudence !... Mme O... fait remarquer, d'un air chafouin, qu'il est bien jeune. Mme R... ajoute que les personnes mal intentionnées pourraient prendre prétexte de semblables fréquentations pour calomnier tous les Pères. Mme D... conclut qu'il serait peut-être à propos d'avertir le R. P. Supérieur.

Il fallait savoir quelle était cette apparition. Je sors avec mon idée. J'aperçois au bout de la rue la robe claire et le chapeau excentrique.

J'arrête une voiture et j'y monte en disant au cocher de suivre la dame que je lui indique et de s'arrêter devant la maison où elle entrera.

— Bien Madame !

Après plusieurs arrêts et détours, on arrive devant un fort bel hôtel. Ma tâche devenait délicate ; mais j'étais trop avancée pour reculer. Je demande à un concierge en livrée quelle est la personne qui vient de passer. Il me jette un nom américain fort connu. C'est la fille de ce millionnaire, catholique ardente, très charitable, menant de front les cours à la Sorbonne et les sports, très aimée et très estimée de ses compatriotes et de tous ceux qui la connaissent. Les Petites Sœurs des Pauvres, leurs vieillards et leurs vieilles, ne vous en diront pas de mal. Elle vient les voir souvent et jamais les mains vides. Plus d'une fois par an elle n'hésite pas à ceindre le tablier bleu, à servir bravement ces misérables et à partager leur pitance.

Nos dévotes grincheuses n'en ont jamais fait autant, leurs filles non plus. Cela ne les empêchera pas, durant huit jours, d'entasser les jugements téméraires et d'exprimer les doutes les plus injurieux, peut-être les affirmations les plus diffamantes.

Le P. V... aura sa part, et si le Supérieur

lui demandait des explications, je n'en serais pas surprise.

Quelques échos de ces bruits arriveront jusqu'à vous, mon Révérend Père ; vous voilà averti. J'espère que mes premiers soupçons me seront pardonnés en considération de mon repentir et de la réparation que je viens de faire.

Veuillez agréer, mon Révérend et bien cher Père, mes respectueuses amitiés.

L. P.

LIX

Cher Père,

Parfois l'or ne reluit guère, mais plus souvent ce qui reluit n'est pas de l'or. C'est le cas pour Mlle N... et sa famille. Il y a toutes sortes de misères physiques et morales dans la parenté rapprochée. Le père a manqué de probité en plus d'une circonstance et il a eu de ce chef des démêlés avec ses associés et avec la justice ; démêlés dont il est sorti fort entamé.

La mère a connu beaucoup d'amis intimes ; elle passait pour adroite à les déniaiser et à les plumer. Cela n'est pas si ancien, que plusieurs ne s'en souviennent.

En ce moment la maison a belle façade ; mais qu'y a-t-il derrière ? Suivant nombre de personnes désintéressées, il y aurait plus de trompe-l'œil que de réalité. Un écroulement complet surviendrait prochainement que les hommes pratiques n'en seraient pas surpris. Même en mettant les choses au mieux, l'actif, liquidation faite, ne dépasserait pas le passif.

Avis aux intéressés.

Respectueuses amitiés.

L. S.

LX

Bien cher Père,

Méfiez-vous de votre recette. Vous m'aviez assuré que dans la quinzaine la plus éloignée des règles, c'est-à-dire à partir du huitième jour qui les suit jusqu'au huitième jour qui les précède, la conception était excessivement rare ; par conséquent il n'y a pas d'excuses pour ceux qui cherchent par des fraudes à la prévenir ; il est si simple de l'empêcher légitimement.

Nous avons suivi votre conseil, mon mari et moi, et me voilà pincée. Il est furieux ; je n'en suis pas trop fâchée. Nous avons déjà deux garçons ; si j'accouchais d'une fille, je serais heureuse. La vie est assez dure, mais on finit par s'arranger.

Je vais prendre les précautions raisonnables pour arriver heureusement à terme. D'après votre avis, je m'efforcerai d'être plus aimable que jamais, afin que mon mari n'ait aucun sujet de plainte et de privation. Au fond il est excellent et il m'aime ; il finira par être content et il chérira celui-là comme les autres.

Merci, bien cher Père, de vos encouragements ; continuez-les moi, car à certaines heures j'en ai grand besoin.

Votre respectueuse et obéissante enfant

CL. P.

LXI

Mon Révérend et cher Père,

Je pense comme vous; il est regrettable que dans nos collèges les hautes classes : Humanités, Rhétorique et même Philosophie, soient données à des auxiliaires; plus regrettable encore que ces auxiliaires se montrent souvent supérieurs aux Nôtres par le talent naturel, les connaissances acquises, le savoir-faire pédagogique et le succès final. Pour les empêcher de prendre partout l'influence qui leur reviendrait de droit nous sommes forcés de recourir à des moyens qui semblent déloyaux, injustes et odieux. Ils sont trop intelligents pour ne pas le voir et il leur faudrait un désintéressement trop sublime pour ne pas nous en vouloir.

Aussi nous estiment-ils peu et nous détestent-ils à fond. Tôt ou tard, nous le paierons, car ces messieurs font en grande partie l'opinion sur notre compte.

J'en ai parlé à de graves paternités; mais

que faire ? Ceux qui sont vieux et qui ne sont plus dans le mouvement ne soupçonnent même pas la situation. Comme le digne P. R... ils croient et disent, en citant le curé d'Ars, qu'aux yeux du public catholique, Jésuite signifiera toujours « savant et saint ». S'il en a jamais été ainsi, les temps sont bien changés.

Je me recommande à vos prières et à vos SS. SS.

P. L. T.

LXII

Mon Révérend et cher Père,
P. C.

L'écrivain chez nous, s'il est sérieux, souffre un triple martyre : la composition, la révision et l'impression.

Aux transes inhérentes au métier, la composition ajoute chez nous les difficultés qui viennent du manque de loisir, des changements, du peu de ressources pour faire chercher et transcrire les documents utiles, enfin du défaut de liberté.

La révision est la pire des censures. Elle

est souvent faite par des juges incompétents, d'esprit étroit, de parti pris et qui ne comprennent pas qu'on puisse penser et écrire autrement qu'eux. Ajoutez-y des lenteurs désespérantes, des procès de tendance et le sans-façon de l'irresponsabilité. Le réviseur ne croit avoir aucun devoir vis-à-vis du révisé.

Et l'impression ? A part quelques heureux mortels chéris des Supérieurs et pour lesquels la province fait les frais ; à part quelques prédicateurs ou confesseurs qui trouvent une dévote pour payer l'imprimeur, le plus embarrassé des hommes, c'est celui d'entre nous qui a dans son tiroir un manuscrit qu'il croit indispensable au bonheur du genre humain. Les éditeurs ne sont plus que des gens d'affaires et ne comprennent pas qu'il faut débuter et être obscur avant d'avoir un nom et du succès.

C'est pourtant si agréable de sentir l'encre d'imprimerie sur les feuilles encore humides, de corriger les épreuves, de signer des *hommages respectueux* ou *affectueux*, de contempler sa pensée devenue un juste volume, après une laborieuse gestation.

— Couper les pages d'un livre vierge, disait le P. L..., c'est le seul libertinage qui nous soit permis.

Je voudrais vous épargner une partie de ces douleurs. *Haud ignara mali miseris succurrere disco !*

Mais le moyen ? Adressez-vous à R... ; peut-être consentira-t-il à vous éditer, comptant sur les tendances de sa clientèle. Il vous donnerait alors le 10 0/0 sur le prix fort des exemplaires imprimés.

Si R... refuse, parce que vous êtes homme d'avenir plus que de passé, je crois que Mme L... vous donnerait volontiers deux ou trois milliers de francs. Elle est riche, elle est vaniteuse, elle est ignorante ; trois excellentes qualités.

Adressez-lui une épître où vous caresserez son amour-propre ; dites-lui que *son* livre fera du bien et qu'on lui en saura gré... etc. Ne craignez pas d'appuyer fort.

Plusieurs ont ainsi réussi ; essayez à votre tour. Je retiens un exemplaire avec hommage.

Je me recommande à vos prières et à vos SS. SS.

Ræ Væ Servus in Xto

R. S.

LXIII

Mon Révérend Père,
P. C.

Les renseignements très précis et très utiles à nos candidats que nous avions depuis quelques années n'arrivaient pas au Collège par un des nôtres, au moins directement. Ils étaient fournis par M. G..., un auxiliaire fort intelligent, fort actif et encore plus intrigant. Comment se les procurait-il ? Je ne le sais que d'une manière vague. Le P. Supérieur était au courant et n'était pas fâché d'avoir chaque année quelques bacheliers de plus. C'est fini et il faudra chercher autre chose. Avec de l'argent et de la patience on vient à bout de tout.

C'est l'abbé J... qui a dénoncé son collègue, par dépit de voir ajourner un de ses élèves préférés, dans la famille duquel il allait de temps en temps. Ce n'était pourtant pas la faute de l'abbé G..., car le sujet de la composition avait été communiqué au petit bonhomme, et il avait fait quelques jours auparavant tous les devoirs. Ce contretemps est malheureux à plusieurs points de vue. Nous perdons un avantage et nous pourrions avoir des ennuis, si l'on venait à ébruiter le procédé.

Le dénonciateur a été remercié, cela va sans dire; l'on a même obtenu de l'Archevêché qu'il fût renvoyé du diocèse. Quant à l'abbé G... il partira aussi, mais dans de bonnes conditions. Il va ouvrir une boîte et nos Pères lui enverront les élèves que l'on ne peut garder au collège. Il gagnera beaucoup d'argent, car il est adroit et laborieux; je crois que le reste lui est à peu près indifférent. Ne lui envoyez jamais des jeunes gens qui aient quelque chose à perdre au point de vue des principes et de la moralité.

Le successeur probable de l'abbé G... sera l'abbé Cl..., c'est un esprit distingué, bien au courant des matières philosophiques et d'une limpidité d'exposition rare. La discipline laissera un peu à désirer, mais plus en apparence qu'en réalité, car les élèves, l'estiment et l'aiment. Ils ne perdront pas leur temps et ils seront prêts à la fin de l'année.

Il n'est pas mauvais que les auxiliaires aient quelques difficultés sur des points accessoires,

Ils en sont plus dociles, et sentent mieux la nécessité de s'appuyer sur les Pères. Ceux qui réussissent sans accroc et sur toute la ligne acquièrent près des enfants et près des parents une autorité avec laquelle le P. Préfet dóit compter. Nous en avons quelques-uns et ce ne sera pas la faute du P. T... s'ils ne sont pas éliminés sans bruit.

Adieu, Révérend et bien cher Père. Je vous souhaite une nombreuse liste de bacheliers d'abord, d'excellentes vacances ensuite. Écrivez-nous de temps en temps. Ici, où l'on nous croit au centre des nouvelles, nous ignorons tout de la province et du monde.

Je me recommande à vos prières et à vos SS. SS.

Servus in X^to et frater

J. S.

LXIV

Mon Révérend et cher Père,
P. C.

Nous avons décidément perdu cet excellent

P. de G...; c'est une bonne acquisition que fait la Bretagne. Ici les nôtres l'aimaient et les élèves en raffolaient. *Inde iræ.*

Il n'était pas seulement habile professeur de sciences, mais loyal ami et sympathique conseiller. Sa dextérité dans les expériences et son renom de photographe et d'artiste le servaient encore.

Ce n'est un secret pour personne qu'il est parti par suite des machinations du P. L... qui manque précisément de toutes ces qualités de facilité, de distinction, d'aménité et de tact. Pour se débarrasser de ce collègue trop populaire, il a fait jouer d'assez vilains ressorts. La jalousie est une passion féroce et la philosophie n'en préserve pas. Dieu voit les intentions ; peut-être n'étaient-elles pas aussi mauvaises que nous serions tentés de le croire... Passons là-dessus.

Le P. de G... ne s'en va pas sans chagrin.

Son cabinet de physique, son laboratoire et son atelier de photographie étaient parfaitement organisés ; il avait ses habitudes parisiennes. Tout est à refaire et il est douloureux à cet âge de recommencer sa vie. Dieu nous garde de l'envie active et passive !

Adieu, mon Révérend et cher Père, je me recommande à vos prières et à vos SS. SS.

Rᵈ Vᵈ Servus in Xᵗᵒ

L. L.

LXV

Mon Révérend Père,

Je suis employée depuis six ans dans la maison de modes H...

J'y ai été contente jusqu'ici et j'y gagne de bons appointements ; mais le fils de la maison est de retour et il me rend la vie insupportable par ses poursuites. Je ne veux pas de lui ; j'ai des raisons que je ne puis lui dire. Il ne veut d'ailleurs pas m'épouser probablement.

Marguerite D...; mon amie, m'assure que vous pouvez me tirer de ce pétrin, grâce à vos nombreuses relations et que vous le voudrez, parce que vous êtes bon.

Mᵐᵉ H... a toujours été charmante pour moi ; c'est pourquoi je n'ai jamais voulu lui faire de la peine. Ce n'est pas la faute de son mari ni de son fils. Tout entière à son commerce et à sa nombreuse clientèle, elle ne soupçonne pas ma situation.

Je ne puis pas, d'un autre côté, quitter ma place que beaucoup guignent, avant d'en avoir trouvé une autre équivalente. Si je me mets à négocier moi-même, il est évident que ma patronne en sera avertie et froissée.

Vous voyez où j'en suis. Si vous jugez à propos de me venir en aide, comme je l'espère, ayez la bonté de me dire où et quand je pourrai vous trouver pour vous donner des renseignements détaillés. Je suis facilement libre avant deux heures ; le dimanche toute la journée.

Veuillez agréer, mon Révérend Père, avec mes remerciements et mes excuses, mes sentiments respectueux.

L. V.

LXVI

Mon Révérend Père,

Mon fils Adrien, au lieu de rester dans sa bonne Normandie et de faire valoir ses terres, comme je le désirerais et comme tout le monde le lui conseille, veut entrer dans les consulats ou aller vivre à Paris.

J'opte pour les consulats, quoique je ne voie pas bien à quoi ils le mèneront.

Il préférerait les pays de langue anglaise.

Vous avez certainement, parmi vos nombreuses et hautes connaissances, des personnages qui pourraient lui donner un coup de main. Il est bien appuyé ; mais on ne saurait l'être trop par le temps qui court. Sans faire fi des honoraires, cette considération passerait au second plan pour lui et pour moi.

Je vous enverrai ce grand garçon demain, vers les deux heures. Interrogez-le, sermonnez-le et convertissez-le. Il vous dira où il en est et ce qu'il désire. Il a grande confiance en vous.

Adieu, mon Révérend Père, et merci d'avance.

Agréez mes respectueuses salutations.

F. DE S. G.

LXVII

Mon Révérend Père,

Un très joli détail. Il paraît que le P. D..., en prêchant aux élèves, a donné S. Louis de Gonzague comme modèle de toutes les vertus.

Il a particulièrement insisté sur son angélique pureté. En voulez-vous des preuves ? Il ne levait jamais les yeux sur une femme, il ne voulait pas rester seul à seul dans une chambre, même avec sa mère ; il n'avait jamais regardé ses pieds.

Entre nous, il me semble qu'on ne devrait pas s'attarder à des choses de ce genre, qui sont d'un malade plutôt que d'un saint. Heureusement les enfants ne raisonnent pas.

Donc, ma petite Clotilde, voulant mettre en pratique les conseils du Prédicateur, se hâtait de sortir de ma chambre dès que j'y étais seule avec elle. J'ai remarqué ce manège et je lui en ai demandé l'explication. Elle n'a pas d'abord voulu me la donner ; mais son père étant survenu, nous avons insisté et la chère petite, poussée à bout, a fini par avouer qu'elle voulait ressembler à S. Louis de Gonzague que le prédicateur leur avait tant vanté.

Mon mari riait aux larmes de cette conclusion tout à fait pratique.

Je riais un peu moins. On ne devrait pas farcir la tête des enfants de pareilles fadaises. Que penseront-ils plus tard de ces prédications ? Je ne doute pas de la vertu de S. Louis de Gonzague ; mais si l'on n'est pas un chenapan, il faut être malade pour avoir de telles craintes à propos de sa mère. C'est immoral. Au pays et au temps des Borgia, ces mœurs étaient peut-être vraisemblables ; l'on s'y rappelait encore Alexandre VI et sa fille Lucrèce, surtout dans les grandes familles ; mais chez nous, et parlant à des enfants de huit à douze ans ! c'est manquer de tact et de sens commun.

Voilà de bien gros mots. Pardonnez-moi, mon Révérend Père, et veuillez me compter toujours parmi vos plus respectueusement dévouées.

V. R.

LXVIII

Mon Révérend Père,

Comment s'est passée la retraite, demandez-vous ? Fort bien, grâces à Dieu, et j'espère que les fruits en seront excellents et durables.

Le P. prédicateur a du talent, de la voix, de belles manières, quelque chose dans la figure et dans le ton qui plaît et qui attire. Il intéresse malgré sa scolastique et ses abstractions. Il parle à son auditoire et il est naturel lorsqu'il se laisse entraîner. On voit qu'il est encore jeune, et qu'il dit ce qu'il a lu plus que ce qu'il a vu. Tout est un peu en l'air.

Deux ou trois expressions malheureuses ont failli tout compromettre et feront qu'on parlera longtemps de lui.

Parlant de S. Louis de Gonzague et de sa sainteté précoce, il s'est écrié :

— Quinze ans, seize ans ! c'est l'âge où les Saints se forment.

Ce calembour n'est pas tombé par terre ; le lendemain nous lisions sur plusieurs murs :

« Seize ans ! c'est l'âge *où les seins* se forment. » De pareilles inscriptions reparaîtront encore.

Sévir ? il vaut peut-être mieux ignorer.

Deux jours après, le digne Prédicateur a été plus mal inspiré encore. Dans une instruction, fort bonne d'ailleurs, sur la régularité, il n'a cessé de nous parler de « nos règles ». Non content de s'adresser aux élèves, il apostrophe les Mères et dans un beau mouvement s'écrie :

— Si vous voulez savoir où en est la santé de vos âmes, il y a un thermomètre sûr que vous pouvez consulter : où en sont vos règles ? Si vos règles vont bien, tout est bien ; si vos règles vont mal, tout est à craindre !

Nos plus grandes filles riaient et nous-mêmes nous ne savions quelle contenance prendre. On ne dit pas cela à des femmes. Le prédicateur, nous jugeant peu convaincues, à notre air, insistait à tour de bras. On aurait cru à une gageure. C'était comique.

Pourquoi n'auriez-vous pas une liste de ces mots équivoques ? On la communiquerait aux débutants. Si le P. M... avait été averti du sens obscène que l'on donne au mot « bagatelle », il ne nous en aurait pas saturées dans son dernier sermon.

Il ne faut pas être dupe des apparences. Parmi nos enfants, si ingénues de mine et d'habit, quelques-unes sont déjà gâtées jusqu'aux moelles. Cela vient des domestiques dont les parents ne se défient pas. D'autres, sans être tout à fait mauvaises, n'ignorent pas grand'chose de la vie.

Le romancier qui prétend avoir entendu ces vierges tenir des propos à « faire rougir un singe », parlait peut-être de ce qu'il avait observé lui-même.

Il suffit de trois ou quatre imaginations perverses pour infecter tout le reste. Je vous donnerais sur ce sujet des détails navrants ; après les bonnes, les livres qu'on laisse traîner et surtout les journaux illustrés sont les plus coupables.

Adieu, mon Révérend Père ; j'ai cru bien faire en vous disant cela, pour que vous avertissiez les intéressés.

Croyez-moi votre reconnaissante et respectueuse enfant et bénissez-moi.

A. T.

LXIX

Révérend et cher ami,

Voulez-vous un mot cynique et cruel de cette vieille baronne de K... il est encore tout chaud.

On parlait du mariage de Mlle M. de M... avec M. E... enfin conclu :

— En voilà de la chance! le pauvre garçon n'aura pas besoin de s'émoustiller avec du cognac de soixante ans. Il a juste la femme qu'il lui faut; le trou est déjà fait.

Vous voyez d'ici les mines.

Il aurait peut-être été charitable et décent de ne pas entendre; mais c'était dit avec une conviction si comique et un tel air de bonne nature qu'on a éclaté de rire. La jalousie a peut-être bien aidé un brin à cette explosion.

Adieu, Révérend et cher ami. Quand vous verra-t-on? Nous avons assez de ce digne P. L... Il a bien du talent et de la vertu aussi, mais il est terriblement ennuyeux.

Profonde et inaltérable amitié.

E. DE N.

LXX

Mon Révérend Père,

Il est donc décidé que le P. ˙A... viendra nous donner la Mission. Tant mieux! J'espère qu'il sera content. La paroisse n'est pas mauvaise et elle n'a pas été gâtée. M. le Curé est une bonne pâte d'homme; mais la mysticité ne le tracasse pas. Il court sur la cinquantaine, mais est encore vert.

Jeanne, sa gouvernante, est un peu plus jeune. Jeanne est une personne importante au presbytère et au dehors. Courte, rebondie, grasse à lard, nez légèrement retroussé, yeux vifs, cheveux blonds, elle est encore fraîche et provocante.

— Comment voulez-vous que notre brave Curé vive jour et nuit à côté de ce morceau savoureux sans en tâter? me disait dernièrement Mme J...

Il y a des grâces d'état. De fait, on n'a guère jasé. M. le Curé est très serviable, parlant volontiers aux gens et remplissant exactement les fonctions de son ministère. Nos paysans en sont même fiers ; aucun prêtre des environs ne prêche si bien et n'a si bon air. Ce qu'il fait ou ne fait pas derrière ses rideaux le regarde. Si le P. A... fait un brin de cour à Mlle Jeanne, il sera bien traité.

Le vicaire est jeune, timide, mais intelligent. Il s'est déjà bien dégourdi. Il donne des leçons au petit garçon du château, qui a été obligé de quitter le collège. La mère en donnera d'autres au précepteur pour peu qu'il s'y prête. Elle a déjà compromis deux ou trois abbés et celui-ci n'y échappera que s'il ne reste pas longtemps. Nos fermiers ne les regardent guère sans un clignement d'yeux qui en dit long. Si le mari était encore vivant, il y mettrait le holà ! mais depuis sa disparition personne n'a le droit de parler. A l'extérieur, tout est à peu près correct. Je soupçonne que M. le Curé a peur de se voir jeter Jeanne à la tête s'il hasardait une observation.

Chez nous, ceux même qui ne pratiquent guère ne sont pas hostiles au prêtre. On le fréquente volontiers, s'il est bon vivant ; bien peu voudraient mourir sans le voir. Les familles le font toujours appeler, trop tard il est vrai, si quelque bonne voisine ne les presse pas. D'ordinaire, M. le Curé prévient.

Le grand vice, c'est celui qui ronge notre pauvre pays. De parti pris, plusieurs ménages restent sans enfants; d'autres en ont un, rarement deux. Dans les familles pauvres, on n'est pas fâché que la fille *faute*, afin qu'elle puisse devenir nourrice et gagner de l'argent. Cela ne l'empêchera pas de trouver un mari, surtout si son enfant n'a pas vécu, ce qui est fréquent. Plus d'une congréganiste en est là.

Nous avons eu des Frères; ils sont partis à la suite de faits peu édifiants. Les instituteurs laïques ne mettent jamais les pieds à l'église, mais ils laissent les enfants libres d'y aller pour les catéchismes ou les offices, et M. le Curé n'est pas trop mécontent de leur neutralité.

Les sœurs ont la majorité des petites filles et celles des meilleures familles. Tout le monde les estime et les laisse tranquilles.

En somme, il n'y a pas d'impiété, pas d'hostilité contre ce qui tient à la religion; il y a beaucoup d'ignorance, d'avarice et une déplorable grossièreté de mœurs. Peu de pauvres proprement dits.

Voilà ce que le P. A... trouvera dans nos parages. Son zèle aura de quoi s'exercer et son travail ne sera pas stérile. J'espère que

nous aurons de temps en temps sa visite ;
dites-le-lui bien.

Votre respectueuse et obéissante

H. C.

LXXI

Mon bon Père,

Je suis depuis quelques jours dans des idées
noires. Des images et des commotions im-
pures me poursuivent partout, principalement
au confessionnal et à la Sainte-Table. Il me
semble que je n'y consens pas ; cependant,
j'en éprouve du plaisir. Quand M. l'Abbé
ouvre la petite grille et que je sens son
souffle sur mon visage je frissonne des
pieds à la tête ; quand il me donne la
sainte Communion j'ai besoin de me tenir à
quatre pour ne pas tressaillir. Plus d'une fois,
la nuit, je me réveille en sursaut, comme si
j'allais le trouver près de moi. J'ai beau me
dire que c'est absurde, c'est plus fort que ma
volonté. Pour faire diversion je me mets au

travail avec ardeur ; puis je me surprends
tout à coup les mains immobiles et l'esprit
perdu dans des rêves dont j'ai honte. C'est un
supplice.

J'irai vous voir après-demain, mercredi,
vers une heure et demie. J'espère que vous y
serez et que vous me rendrez un peu de confiance et de paix.

En attendant, priez pour moi, mon Révérend
et bon Père, et bénissez-moi.

Votre enfant

M. B.

LXXII

Mon Révérend et bien cher Père,
P. C.

Vous recevrez probablement un de ces jours
la visite d'une femme de 30 à 40 ans, grande,
blonde, de formes fines, un peu opulente de
chair, mais d'ensemble séduisant. C'est Mlle J...
une demi-mondaine de ces parages. C'est moi

qui vous l'envoie. Accueillez-la bien, et si elle ne vous dit pas son nom, n'insistez pas et surtout n'ayez pas l'air de le connaître. Voici son histoire.

Mlle J... était à Saint-Gervais quand eut lieu la terrible catastróphe. Réveillée en sursaut par le bruit de l'inondation et de l'écroulement, elle courut en chemise sur le toit où elle se vit bientôt entourée de vagues furieuses et de débris. Tout craquait autour d'elle et l'hôtel s'en allait par lambeaux. Dans cette extrémité elle se souvint des bonnes leçons de son enfance, car elle est de famille honnête et a été chrétiennement élevée ; elle promit ou fit vœu, si elle échappait, de donner aux pauvres ou aux bonnes œuvres tout ce qu'elle avait acquis peu honorablement. De fait, la trombe passa et elle put se sauver plus morte que vive, mais sans une égratignure. L'hôtel où elle était fut une des maisons les plus éprouvées.

Restait l'engagement pris en ce moment inoubliable. Elle craignait d'être ressaisie par la vengeance divine si elle ne le tenait pas ; si elle le tenait, que devenir ?... Elle possède plus de 600.000 francs en titres de toute solidité et des meubles splendides. Elle était dans ces perplexités, penchant un peu plus chaque

jour vers l'ingratitude, lorsqu'elle m'a rencontré. Il paraît que ma barbe vénérable lui a
inspiré confiance. Elle m'a exposé son cas. J'ai
demandé un jour pour réfléchir, quoiqu'il me
parût simple. Le lendemain, je lui ai donné
par écrit la solution suivante : « Je pense que
rigoureusement vous n'êtes tenue à rien, parce
que votre promesse, à ce moment, a manqué
de réflexion et de liberté ; votre acte est donc
nul en conscience. Je crois de plus qu'il serait
imprudent de vous dépouiller de toute votre
fortune ou même de la majeure partie. Habituée
au luxe vous ne pourriez vous contenter longtemps d'une existence modeste et vous repren-
driez la vie que vous avez quittée. Il ne le
faut pas, à tout prix ; gardez-vous bien par
conséquent de vous exposer à des tentations
auxquelles vous succomberiez infailliblement.
Si vous entriez dans un couvent, très bien ;
mais vous n'avez pas la vocation religieuse,
c'est clair.

« Cependant comme la Sainte Vierge vous a
protégée presque miraculeusement, peut-être
à cause des prières de vos parents, de votre
enfance pieuse et de votre première communion, il est convenable que vous montriez
votre reconnaissance. Je vous conseille donc
de donner une petite partie de ce que vous

avez. Combien? C'est difficile à préciser ; mais j'estime que Dieu serait content d'une aumône de 25.000 à 50.000 francs. Il ne faut pas dépasser ce dernier chiffre, au moins pour le moment. Encore est-il bien entendu que c'est une grave convenance plutôt qu'un devoir strict. »

Mlle J... a été contente de cette décision qui lui a paru tout concilier. Elle voulait aller jusqu'à 100.000 francs, mais j'ai tenu bon. Dans son empressement, elle parlait de me confier cette aumône pour en user au mieux. J'ai refusé. Je lui ai parlé des missions de Chine.

— Très bien, m'a-t-elle dit ; j'aimais beaucoup, lorsque j'étais petite, la Sainte Enfance et la Propagation de la Foi, et je leur donnais de bon cœur les quelques sous que j'avais. A qui m'adresser ?

Votre nom était tout indiqué. Prenez sans scrupule ce qu'on vous offrira.

Voilà, mon Révérend et bien cher Père, ce que j'avais à vous dire. J'oubliais d'ajouter que Mlle J... m'a déjà remis un billet de mille francs et qu'elle a commandé pour ma mission un calice qui en vaudra autant. Elle veut que les bijoux qu'elle portait dans cette mémorable nuit y soient incorporés. Je lui aurais fait de la peine en refusant.

Je me recommande à vos prières et à vos
SS. SS.

Servus in X^to

G. B.

LXXIII

Mon Révérend Père,

Je reviens désolée du collège. Le P. T...
croyant sans doute faire merveille a fourré
dans la tête de mon fils l'idée d'aller à Saint-
Cyr. C'était le seul désastre que nous redoutions, son père et moi. Intelligent, travailleur,
beau garçon, bien apparenté, doué de savoir-
faire et de tact, cet enfant aurait pu arriver à
quelque chose dans une carrière civile et y
vivre indépendant. Que voulez-vous qu'il
devienne à l'armée, surtout dans la cavalerie,
qui est son dada ? Il n'a pas de fortune et nous
ne pouvons ni ne voulons lui faire une pension.
C'est assez de nous être épuisés pour le faire
élever. Il devrait venir à notre aide. Comment

vivra-t-il avec sa solde, pendant dix ou quinze ans ?

— Il fera un beau mariage, dit le P. T...

Ce n'est pas si facile. Les riches héritières ne se rencontrent pas à tous les tournants de route. Et puis ces beaux mariages sont-ils toujours heureux ? et n'est-ce pas une honte pour un jeune homme de spéculer là-dessus, et de vivre de sa femme ?

L'influence des officiers, soit dans l'armée, soit au dehors, est singulièrement amoindrie. Pour mon fils, c'est la misère en perspective, la misère dorée, la plus asservissante de toutes. Donner sa vie pour la patrie, lorsqu'il le faut, très bien ; mais est-ce là ce que cherchent les neuf dixièmes de nos soldats ?

Ce ne sont point les officiers qui nous manquent, mais les ingénieurs, les contre-maîtres, les industriels, les agriculteurs, les négociants, les colons, des hommes d'initiative, travailleurs et chrétiens. Au lieu d'aller se moisir dans une garnison, mon fils pouvait s'associer à quelque entreprise honorable et lucrative. Je l'aurais vu partir avec moins de crainte et de regrets pour Madagascar, le Tonkin, le Canada. Il aurait trouvé des amis pour l'aider. « Il ira à l'école de guerre ». Soit. Et après ? Ajoutez que le métier militaire n'est pas si attrayant par le temps qui court, avec les babitudes d'espionnage, de tracasseries et de favoritisme qui s'introduisent partout et règlent l'avancement. Du jour au lendemain un officier peut être acculé à la nécessité de briser sa carrière ou de coopérer à des infamies. Servir le pays, c'est très beau ; servir les présidents et les ministres qui se succèdent à la tête du pays, c'est peu enviable.

Ne pourriez-vous pas faire entendre ces raisons au P. T... et par lui à mon fils? Ce serait lui rendre et nous rendre un précieux service, dont nous vous serions à jamais reconnaissants.

Veuillez agréer, mon Révérend Père, l'assurance de mon respectueux attachement.

A. M.

LXXIV

Mon Révérend Père,
P. C.

Tout le monde s'attend, ici comme chez vous, à une loi de spoliation à bref délai. Les supérieurs ont pris leurs mesures : des sociétés civiles ont été constituées, ou bien les immeubles sont légalement mis sur la tête d'un particulier, religieux ou non. Je ne suis pas très au courant, ces choses n'étant pas de ma compétence ; je sais cependant qu'il y a eu pas mal de difficultés pour mettre tout au point et déjouer les chicanes.

Le P. C... me disait dernièrement :

— Depuis quelques mois, nous avons tous fait assez de faux pour mériter les travaux forcés.

— Il a fallu fabriquer de toutes pièces une foule d'actes, supposer des ventes et des achats, des transports et des mutations, etc...

Là même où existaient des sociétés civiles, on avait négligé de remplir des formalités indispensables. On a tant bien que mal comblé ces lacunes. Tel Père se trouve avoir acquis ou cédé, pendant ces dernières années, une multitude d'actions et de titres, avoir fait commerce de meubles et d'immeubles, gagné ou perdu ; opérations dont il ne s'est jamais douté et dont il serait bien embarrassé de rendre compte, même en gros, si on l'interrogeait .

Il est probable que nous ne tromperons personne, ni le public ni le fisc. Je crains même que notre réputation ne gagne guère à tous ces tripotages. C'est un mal nécessaire, mais fâcheux.

Si on épluche les origines de ces titres, la fraude apparaîtra manifestement. Il n'y a eu que des prête-noms et des fictions. Il ne faudra pas être très madré pour le démontrer plus clair que le jour. Nous avons raison de ne vouloir pas être volés ; mais les moyens que nous sommes obligés de prendre sentent rudement le fagot.

Nos amis sont étonnés de la désinvolture avec laquelle nous avons recours à tous ces subterfuges. Ce n'est pas sans répugnance que plus d'un s'est prêté à des suppositions ou à des falsifications d'écritures. On parle de tel et tel notaire qui tremblait en signant. Dieu fasse que tout finisse bien !

Je ne puis entrer dans le détail ; on ne sait jamais où peut aboutir une lettre ; mais comment se parler de vive voix à de telles distances ?

Adieu, mon Révérend et bien cher Père. Donnez-moi de vos nouvelles. Je me recommande à vos prières et à vos SS. SS.

Servus in X^{to}

E. B.

LXXV

Mon Révérend Père,
P. C.

Vous désirez avoir quelques détails précis
sur l'Institut Catholique de Paris. Il n'est pas
aisé de vous les donner ; je vais essayer en
courant. Ce que je vous dirai, je n'ai pu le con-
trôler toujours ; c'est plutôt le résumé, l'impression de plusieurs conversations, qu'une
expérience directe et personnelle.

Ce pauvre Institut se traîne, surtout depuis
la mort de Mgr d'H... et le départ de MM. D...
et L..., qui jetaient quelques rayons sur cette
ombre.

Il faudrait à la tête du diocèse de Paris un
Archevêque intelligent, jeune et actif. Le
bon Cardinal, la « pieuse mule », comme disent nos Pères, se méfie de tout ce qui est vivant, de tout ce qui essaie ou a simplement
l'air de sortir de l'ornière. Les Évêques de la
région, protecteurs officiels de l'Institut, ne
sont guère plus encourageants. Sans eux

pourtant on n'aura jamais rien de sérieux, faute de personnel et de ressources.

Les abbés qui suivent les cours, Théologie, Droit canon, Écriture sainte, Histoire ecclésiastique, ont assez mauvais esprit. Ils n'estiment guère leurs professeurs et sont fortement enclins aux idées nouvelles. Est-ce leur faute ?

Le P. J... a jeté un certain éclat dès le début, par sa faconde italienne et sa facilité d'assimilation. La sonorité faisait oublier le vide et l'incohérence. A la seconde année, les choses allaient moins bien ; la troisième a été un désastre.

Le bon Père semblait pris de folie. Il a été rencontré souvent en tenue civile, dans les rues, aux concerts, au théâtre, avec des femmes, et quelles femmes ! Il était temps de le remplacer.

Ceux qui sont venus après lui étaient des professeurs fourbus, qui avaient plus ou moins échoué dans les scolasticats; on les a retirés lorsqu'ils étaient parvenus à se faire accepter, au moins par l'accoutumance.

Le P. A... passe pour un hurluberlu, toqué de dévotes, de prédication et d'œuvres, au lieu de s'appliquer à la préparation de ses cours ; il y aurait cependant de quoi occuper un homme. Son enseignement n'a aucune autorité. Le P. de la B... est sourd, désagréable à écouter, obscur. Il a le talent d'embrouiller les questions les plus simples, en voulant leur donner une allure scientifique et un semblant de profondeur. Le P. B... est clair, méthodique, mais « faiblard et pieusard ». Le P. P..., qui a donné des conférences sur la mystique et l'inquiétude religieuse chez nos contemporains, a laissé l'impression d'un détraqué, sans jugement et sans logique. C'est probablement ce qui attire quelques femmelettes.

Les esprits sérieux ne s'expliquent pas que ses supérieurs le laissent pérorer sur un sujet si délicat et que le Recteur de l'Institut l'y autorise; cinquante prêtres à Paris feraient mieux.

Le public est singulièrement panaché : vieux bonshommes au crâne dénudé, qui veulent protester contre les persécutions gouvernementales, Américaines, cosmopolites, cocottes attirées par les étudiants. Une grande partie de ce monde, mâle et femelle, est envoyé par nos Pères. Le P. G... aurait fait beaucoup mieux, s'il n'avait pas été si paresseux et si prétentieux ; mais son renvoi, dit-on, s'imposait. Je n'ai pas voulu demander pourquoi.

Les PP. B... et P... font convenablement

leurs cours de métaphysique ; l'abbé P:... a d'excellentes poussées. Le P. S... est aimable, mais il manque de solidité. Le vieux P. L... rabâche depuis trente ans.

La préparation à la licence est ce qu'il y a de mieux organisé ; les élèves sont satisfaits des résultats immédiats ; mais les idées de ces littérateurs sont peu sûres et leur enseignement trop technique ne peut guère former les esprits.

Cours de droit inférieurs à tout. Les élèves, peu nombreux, n'ont pas le feu sacré, les professeurs, même venant du Sénat, ne s'élèvent jamais au-dessus d'une honnête médiocrité.

M. B... en physique et M. de L... en géologie ont un certain renom dans le monde catholique et même ailleurs ; mais cela ne suffit pas pour être bons professeurs, pour former des élèves, et surtout pour établir un courant scientifique.

Une seule chose était pratique : constituer un ensemble de cours ecclésiastiques vraiment supérieurs. On n'a pas su ou voulu le faire. Quant aux sciences, aux lettres et au droit, il est absurde d'essayer de lutter avec l'État qui a tant de ressources à sa disposition. Quel besoin d'ailleurs ?

Il n'y avait pas beaucoup d'inconvénients à

envoyer la jeunesse aux cours de la Sorbonne, plus variés, plus originaux, plus éloquents et généralement confinés dans des matières techniques, étrangères à la religion.

A part quelques exceptions, les jeunes gens qui fréquentent l'Institut ne sont pas des travailleurs. C'est fâcheux à dire, mais c'est un fait. Ils sont dirigés de ce côté par leurs familles ou par leurs anciens maîtres et ils y restent sans conviction. Lutteurs et apôtres ? ils ne le sont pas pour deux sous.

Quant à leur moralité, elle est parfois assez faible. On me citait naguère un ancien élève de Vaugirard, logé dans une pension recommandée et surveillée par les Nôtres et qui, pendant six mois, n'a pas couché une seule nuit dans sa chambre.

Ses parents paient le maître d'hôtel, et le jeune homme paie sa garçonnière sur ses économies. Bien peu pourraient se donner ce luxe d'un double domicile.

En somme, si l'on compte sur l'Institut Catholique de Paris pour refaire la France chrétienne, on se berce de grandes illusions. A peu près nuls jusqu'ici, les résultats le deviendront de plus en plus ; c'est fatal.

Pour nous particulièrement, nous n'y aurons gagné gros d'aucune façon. Les anciens élèves nous sont fort peu sympathiques ; je devrais me servir d'un terme beaucoup plus énergique.

Cette tentative coûte pourtant beaucoup, un demi-million par an, au bas mot. Que devient tout cet argent ? La proie de faméliques, d'intrigants, de quémandeurs.

Au lieu d'établir des concours, de rechercher le mérite, on ne consulte dans le choix des professeurs que de mesquines convenances de coterie ou de sentiment, des recommandations quelquefois peu avouables, un opportunisme égoïste et inintelligent. Passez en revue les Nôtres envoyés ici ; pour les autres, c'est encore pire.

Voilà, mon Révérend et bien cher Père, quelques-unes des choses qui se disent couramment. Je crois qu'à Toulouse, à Lyon, à Lille, à Angers, c'est à peu près de même. Ce qui manque aux catholiques, c'est une tête. Le bon Dieu en a-t-il quelqu'une en réserve ? C'est son secret.

Je me recommande à vos prières et à vos SS. SS.

R^{æ} V^{æ} servus in X^{to}

J. B. A.

LXXVI

Mon Révérend Père,
P. C.

Que pense-t-on ici du P. A... et de ses gros volumes sur *Jeannette?* On est très sévère, parce qu'on y connaît l'auteur de longue date. Le ton est d'un énergumène; le fond n'a aucune valeur, puisque les pièces ne sont citées ni textuellement ni intégralement. La même histoire est rabâchée autant de fois qu'il y a de volumes, sous des angles un peu différents. Des digressions à perte de vue; des exagérations énormes; un parti pris évident. Çà et là une poussée de sève folle, une exécution qui ne manque pas de verve, quelques aperçus originaux, des pages pleines de fraîcheur, des discussions menées avec une fougue passionnée. Un habile architecte pourra tirer quelques pierres de cet amoncellement, mais il serait plus simple d'aller tout droit aux carrières elles-mêmes.

C'est pour l'occuper qu'on a permis à ce

Don Quichotte de se livrer à ces travaux pour lesquels il n'était ni fait ni préparé. Les supérieurs ont été d'autant plus faciles, que l'auteur a su trouver une bonne laitière qui paie ces débauches d'écriture, croyant servir Jeanne d'Arc, la France, l'Église et Dieu.

Je me recommande à vos prières et à vos SS. SS.

R.ᵃ V.ᵃᵉ servus in Xᵗᵒ

L. C.

LXXVII

Mon Révérend Père Provincial,
P. C.

Je viens de terminer une retraite à D... où mon Supérieur m'avait envoyé. Rien qui mérite une mention spéciale, sauf le cas particulier et assez curieux que je crois bon de signaler à votre Révérence.

Dans cette petite localité se trouve Mᵐᵉ P...; connue dans toute la région et dont les journaux ont parlé récemment. Elle est à la tête d'une fortune estimée à cinq ou six millions, et cette fortune serait triplée si Mme P... gagnait un gros procès qu'elle poursuit énergiquement. Je ne suis pas bien sûr qu'elle sache écrire et même lire. D'extraction très basse, elle est demeurée d'une vulgarité de pensées et de langage écœurante. Cette grossièreté fait un contraste choquant avec le luxe qui l'entoure.

Comment une pareille créature a-t-elle acquis ces millions? Par la prostitution. Ce mot résume sa vie. Après avoir grouillé plusieurs années dans les plus sales bas-fonds, elle a rencontré des imbéciles qui l'ont nippée, logée et largement pourvue. Non seulement elle en a eu beaucoup successivement, mais simultanément. L'un des derniers l'a épousée déjà vieux ; à sa mort, qui n'a pas tardé, il l'a faite sa légataire universelle, à la charge d'exécuter certains legs bizarres, qui sont précisément la matière du procès dont je parlais plus haut.

Cette veuve n'est qu'un débris. A la suite de maladies causées par son inconduite, elle a dû subir plusieurs opérations qui auraient anéanti en elle la femme, si l'âge ne s'en était déjà chargé. Malgré ces diminutions, elle conserve encore une certaine beauté, la beauté

du diable, disent les paysans, et ne songe
guère à se convertir. Elle vit actuellement
avec un jeune gars de quarante ans plus jeune
qu'elle, et parle de l'épouser.

Pour être mieux soignée, et par je ne sais
quelle lubie, Mme P... a demandé et obtenu
une religieuse garde-malade qui la suit partout. Cette pauvre fille est bien traitée, mais
vous ne pouvez vous imaginer ce qu'elle est
condamnée à voir et à entendre. On ignore,
dans ce milieu, les notions les plus élémentaires du respect qu'on se doit à soi-même et
aux autres. Elle m'a raconté quelques exemples de ce cynisme dans les actes, les gestes
et les paroles; c'est écœurant, encore plus
que scandaleux. La vieille ne semble pas se
douter de cette indécence.

La religieuse a plusieurs fois averti sa supérieure de cette situation, au moins en gros;
on lui a répondu de prendre patience; qu'elle
pourrait peut-être amener à une bonne fin sa
malade, etc... Je ne crois pas faire un jugement téméraire en pensant que la supérieure
voit surtout les gros honoraires dans le présent, et peut-être un legs dans l'avenir. La
vieille n'a point de parents; il faudra bien
qu'elle laisse ses millions à quelqu'un.

La garde-malade en a pris son parti; peut-

être a-t-elle mis en balance le bien-être plan-
tureux où elle vit et la parcimonie gênante
du couvent. Ceci est son affaire.

Mme P... peut mourir d'un jour à l'autre,
elle ne l'ignore pas et songe à mettre son tes-
tament en règle. Elle en parle volontiers avec
sa garde-malade, qu'elle aime à sa façon.
Celle-ci lui conseillait l'autre jour de donner
largement pour de bonnes œuvres, puisqu'elle
n'avait pas de parents. La proposition a été
accueillie avec un sérieux et une bienveillance
à laquelle la religieuse ne s'attendait pas. La
millionnaire lui a raconté qu'elle avait de la
religion, que sa mère était dévote, qu'elle
priait en joignant les mains lorsqu'elle était
toute petite et qu'elle se rappelait avec
plaisir le jour de sa première communion.
Elle a toujours fait maigre le Vendredi-Saint
et n'a jamais manqué la messe le jour de
Pâques.

Superstition ou religion? les deux sont mis
sur le même niveau et difficiles à discerner.
C'est quelque chose. Au fait, dit la garde-
malade, elle a plutôt vécu en brute qu'en
impie, et malgré sa richesse elle ne fait aucune difficulté pour avouer qu'elle est une
triste créature. Le mot qu'elle emploie est
clair et salé. Elle ne veut pas « finir comme

une bête ». Ce gros bon sens et cette sorte d'humilité donnent espoir.

Ce qui a surtout frappé Mme P..., c'est l'exemple de la comtesse de R... qui a donné cent mille francs pour bâtir une maison religieuse.

— Pourquoi n'en feriez-vous pas autant, lui disait la bonne sœur?

— Mais, je ne dis pas non; je puis donner le double et le triple, sans faire tort à personne, et mes héritiers trouveront encore un joli denier. J'ai connu bien des nobles, qui ne valaient pas plus que moi. Je ne dis pas non.

Et la pauvre vieille demandait ce qu'elle pourrait bien faire.

Dans ses explications, la religieuse lui a parlé de la Chine, des missionnaires, de la Sainte-Enfance. N'ayant jamais pu avoir d'enfants, elle serait contente qu'il y en eût là-bas, qui porteraient son nom. Elle a vaguement entendu parler du P. C... qui faisait courir tout le monde à Rouen. Elle le verrait volontiers; une visite la flatterait. Tout bien pesé, il n'y aurait pas d'obstacles à cette démarche qui pourrait avoir d'heureux et prochains résultats. Il faut se faire tout à tous. Une fois convertie, cette pécheresse peut contribuer à la conversion de beaucoup d'autres par de pieuses fondations. Ce serait autant de pris sur l'ennemi, c'est-à-dire sur le diable.

La bonne sœur avec laquelle j'ai longuement et plusieurs fois causé, sans lui dire toute ma pensée, se mettrait à notre disposition pour cette conquête. Cela ne l'empêcherait pas, du reste, de faire les affaires de son couvent et même les siennes, si elle a une idée de derrière la tête, car elle est passablement futée.

J'ai cru devoir vous écrire tout cela, suivant la règle, pour que vous décidiez ce qui vous paraîtra convenable. S'il vous plaisait de me charger de cette négociation, je suis à vos ordres et, avec la grâce de Dieu, je ne désespérerais pas du succès.

Je me recommande à vos prières et à vos SS. SS. et je suis, mon Révérend Père Provincial, avec un religieux respect et une entière obéissance

R^{ae} V^{ae} servus in X^{to} infimus

F. R.

LXXVIII

Cher Révérend,

Je vous fais porter le *Mémoire* d'Henri Lasserre contre la Congrégation de l'Index. Je viens de le parcourir. Il vous intéressera.

Le cardinal Mazella y est pincé en passant ; mais c'est à peine une chiquenaude, au moins par comparaison.

L'exemplaire, comme vous le verrez par l'inscription qui est à la première page, a été confié à Mgr M... qui me l'a prêté. Veuillez donc me le faire rendre lorsque vous n'en aurez plus besoin.

Respectueusement vôtre.

J. DE T.

LXXIX

Mon bon et cher Père,

Je vous amènerai demain, mercredi, ma grande fille et je vous laisserai ensemble.

Faites-lui comprendre qu'elle doit épouser M. E... et qu'il est temps.

Elle ne trouvera pas mieux et, au point où en sont les choses, il n'y a pas à choisir. Ci-joint vingt francs pour une messe.

Pardon et merci d'avance.

Respectueuses amitiés.

L. DE C.

LXXX

Mon Révérend et bien cher Père,
P. C.

Avez-vous lu l'article du P. B... sur Mme M. du S.-C? C'est fâcheux; on ne devrait pas laisser passer des choses semblables, dans une publication semi-officielle. N'est-ce pas ce que je vous avais annoncé, lorsque nous avons parcouru les *Religieuses enseignantes* ?... Jalousie et vengeance de femmes. Nos Révérendes Mères ne pouvaient laisser tenter pareille réforme sans se mettre en travers ; mais sommes-nous créés et mis au monde pour les servir dans leurs rancunes ?

Ici et ailleurs, tout le monde est d'accord sur les reproches faits à l'enseignement congréganiste, à tous les degrés ; j'entends l'enseignement féminin. Mais il y a des conventions qu'il est dangereux d'examiner de près. Dans nos couvents, l'instruction est inférieure, principalement l'instruction religieuse. La formation y est puérile, surannée, insuffisante. Ce n'est une préparation à aucun genre de vie.

Ce qui sort de ces pensionnats *chics*, ce sont nos « petites oies blanches », incapables d'être des mères sérieuses, des chrétiennes solides, des épouses dévouées ou simplement fidèles. Au lieu de croyances éclairées et d'un profond sentiment du devoir, elles ont l'esprit farci de niaiseries et de vétilles. Les usages mondains, les chiffons, la mode, le flirt, la joie d'être et de paraître : c'est tout ce qu'elles rêvent. La plupart quittent leurs pratiques religieuses en dépouillant l'uniforme du couvent ; elles se lancent dans la vie mondaine et sensuelle comme des carpes dans l'eau de source. On n'a pas su créer en elles de ressort intérieur, de règle de conduite appuyée de principes fermes ; elles se laissent gouverner par leurs nerfs, leur entourage, leurs passions. La transformation est subite. Sur dix femmes qui s'affichent ou qu'on affiche, huit sortent de nos meilleurs couvents. Leur ignorance est stupéfiante. Que de châtelaines et de bourgeoises cossues sont inférieures à de petites institutrices !

Mme M. du S.-C. est personnellement un esprit distingué, viril, une religieuse sans reproches. Son tort est d'avoir cru à la sincérité, à la bonne volonté, à la justice des congrégations enseignantes et de leurs amis bruyants.

Elle en mourra. Les insinuations de la *Vérité*, à la suite de quelque feuille suisse, sont ignoblement lâches ; c'est la cafardise à très fort exposant.

La femme succombera, mais l'idée restera. Au Sacré-Cœur même et aux Oiseaux on en tient déjà compte, tout en la calomniant. Si l'Archevêque de Paris avait été mieux avisé et plus généreux, il n'aurait pas permis une persécution si sauvage ; mais le bon vieillard est fasciné par quelques jupons qui le mènent à son insu. Notre Provincial est dans le même cas.

Nos Pères, même ceux qui fréquentent le plus dans les couvents aristocratiques, ne se gênent guère pour dire à huis clos ce qu'ils pensent ; quelques-uns sont beaucoup plus sévères que je ne le suis, peut-être parce qu'ils sont mieux informés ; mais ils se garderaient bien de le répéter tout haut, même pour défendre des innocents. Ils craindraient de n'être plus appelés ou d'être moins chaudement reçus dans ce monde *select*. Si notre T. R. P. Général n'y met enfin bon ordre, nous périrons sucés et épuisés par ces femmes.

Adieu, mon Révérend et bien cher Père.

Il faut savoir supporter ce qu'on ne peut corriger ; mais parfois les barrages crèvent, la mauvaise humeur s'échappe. Quand pourrons-nous causer librement de beaucoup de choses plus ou moins brûlantes et sur lesquelles tout le monde ment ?

Je me recommande à vos prières et à vos SS. SS.

R^æ V^æ servus in X^{to}

B. G.

LXXXI

Cher ami et Révérend Père,

Vous ne devineriez jamais d'où je sors et ce que j'ai fait depuis dix jours ; il faut donc que je vous le dise.

Je ne descends pas du Thabor, oh non !...
mais je viens du Cénacle où j'ai fait une retraite
de huit jours. Une retraite ? Ce n'est peut-être
pas ce qu'on entend vulgairement par ce mot ;
mais je n'en trouve pas d'autre. Une *fugue*
serait plus exact. Depuis quelque temps l'atmosphère était orageuse ; mon mari et moi,
nous ne pouvions nous aborder sans choc,
comme deux pointes chargées d'électricité
ennemie. Ça couvait, ça grondait et ça éclatait
tait à tout propos. Les isolants ordinaires ne
suffisaient plus.

Qui avait tort ? Tous les deux ; peut-être
aucun des deux. Il y a quelquefois des diables
dans l'air.

Après une bourrasque plus vive, j'ai pris le
grand parti. J'ai dit à ma femme de chambre
de mettre dans mes malles du linge pour huit
jours et des toilettes sévères, et je suis partie
chez ces Dames, en laissant un mot pour Mon-
sieur. Je tremblais bien un peu, mais j'étais
contente tout de même. Il faut prouver à nos
tyrans que nous ne sommes pas incapables de
secouer le joug.

Nos Mères m'ont reçue comme l'Enfant Prodigue. On n'a pas tué le veau gras, parce que
ce n'est plus dans nos mœurs parcimonieuses ;
on ne m'a pas donné un anneau d'or, parce

que je n'avais pas vendu le mien ; mais on m'a installée dans une bonne chambre, meublée d'un bon lit et d'un bon fauteuil et on m'a très confortablement abreuvée et nourrie. Voilà pour la matière.

« L'esprit n'a pas été moins bien traité ; mais ici j'avoue que j'ai mal profité de ce festin spirituel. La bonne religieuse qui était chargée de me piloter s'est vite aperçue que je n'avais pas le cœur à la méditation, à l'examen et à la prière. Elle en a pris son parti et nous avons causé. Elle croyait m'amener par des détours et des sentiers perdus vers le but ; mais je la voyais venir et je me suis intérieurement juré de l'entraîner, au lieu de la suivre. Je crois bien que c'est ce qui a eu lieu. J'aurais été curieuse d'entendre la confession de mon guide, au bout de ces huit jours de course à travers les précipices.

« Savez-vous, mon cher Révérend, qu'elle est joliment délurée, la chère sœur, et qu'elle pose, sans avoir l'air d'y toucher, de son air le plus candide, de terribles questions ? Ah ! par exemple, je ne lui enverrai jamais ma fille ; et si j'étais mari, je ne lui enverrais jamais ma femme. Nous parlons assez librement entre nous ; mais pas à ce point, avec cette précision et avec cette suite.

Pourquoi suis-je venue ? Qu'y a-t-il eu avec mon mari ? Suis-je malheureuse en ménage ? Mon mari m'accorde-t-il ce qui est nécessaire, utile, agréable, superflu ? Y a-t-il des souffrances intimes ? Me refuse-t-on les jouissances légitimes du mariage ? Me les demande-t-on avec trop d'exigence ? N'oublions-nous pas la fin du Sacrement ?

Et sur ce chapitre scabreux, la Révérende Mère, aiguillonnée et encouragée par mon ignorance perfide, entre dans les détails techniques de l'usage et des abus, de ce qui est permis et de ce qui est défendu, de ce qu'on peut tolérer passivement, des préludes et des conséquences, des jours heureux et malheureux, et patati et patata...

Ma tête bourdonnait en écoutant ce que cette vierge chrétienne me disait de sa « voix blanche ». Vrai, je n'avais jamais assisté à pareil cours. J'avais honte et plaisir et je me demandais comment cette fille qui sait tant de choses peut bien s'y prendre, pour ne pas y songer un tantinet pendant ses oraisons ; d'autant plus que, à la bien considérer dans son habit de nonne, qu'elle remplit d'une chair ferme, la nature n'est pas encore morte en elle et doit se réveiller furieusement à certains jours. C'est la grâce d'état qui fait ces miracles.

A un moment donné, je n'ai pu m'empêcher de lui exprimer mon étonnement de ce qu'elle était si bien instruite dans son cloître. Elle ne s'est pas déconcertée.

— Nous voyons tant de personnes en proie à tant de besoins divers ! Il faut bien parler à chacune de ce qui lui est nécessaire. L'expérience personnelle n'est pas indispensable, Dieu merci ! Toutes ces matières délicates ont été admirablement élucidées dans le *Cahier de Laval*. C'est un recueil autographié que les bons Pères remettent à leurs scolastiques quelque temps avant la prêtrise. Ils ont bien voulu nous le communiquer ; nos exemplaires ont même été enrichis de notes, d'éclaircissements et de compléments par ceux qui ont à diverses reprises prêché des retraites à nos Mères, ou qui ont bien voulu répondre à nos doutes.

Ne pourriez-vous pas, cher ami et Révérend Père, me prêter pour quelques jours le *Cahier de Laval ?* Je ne le montrerai à aucune de mes amies, ni même à mon mari, qui serait capable de le jeter au feu.

A la fin j'ai fait un bout de confession à un Père que l'on mande exprès, les Mères n'ayant pas encore ce pouvoir, et je suis rentrée au logis, les nerfs détendus, l'âme pacifiée. Mon mari m'a accueillie à bras ouverts et tout va pour le mieux, dans le meilleur des ménages. Cela durera ce que cela pourra. Donnez cette recette à vos belles pénitentes; plus d'une doit, de temps à autre, en avoir besoin. Si elles savaient elles y courraient.

Je crains bien d'avoir une mauvaise note au Cénacle et d'y être mal reçue si je m'y représentais. Le temps arrange tout et les bonnes Mères pardonnent volontiers aux visiteuses qui leur apportent des nouvelles. Ne pouvant aller dans le monde, il faut bien que le monde vienne à elles. Qui sait? Je suis peut-être plus désirée que les retraitantes farouches, s'il y en a.

Adieu, cher ami et Révérend Père. Ce bavardage vous distraira un peu et vous délassera de plus fructueux travaux.

Inaltérablement à vous.

J. DE R.

LXXXII

Mon Révérend Père,

On apprend toujours quelque chose en vieillissant. J'avais cru jusqu'ici que la translation de la maison de la Très Sainte-Vierge à Lorette était non pas un article de Foi, mais un fait incontesté. Mon fils vient de me détromper.

C'est un de vos Pères les plus savants, paraît-il, qui enseigne que cette « légende » n'a aucun fondement, pas plus que la venue de Saint-Jacques en Espagne, le débarquement de Lazare et de Marie-Madeleine en Provence, l'épiscopat de Saint-Denis l'Aréopagite à Paris, l'apostolicité des Églises des Gaules. Saint-Pierre a oublié notre pays quand il lança des prédicateurs à travers le monde, et le Saint-Esprit n'a pas eu l'esprit de réparer cette distraction. Que va dire le fougueux P. A...?

Il paraît que le conte de Lorette repose sur une équivoque. C'est un Cardinal de Angelis qui a eu l'idée d'envoyer en Palestine des architectes pour relever le plan de la maison de Marie et en faire bâtir un fac-simile en Europe, avec des matériaux identiques. On a retrouvé le devis aux archives du Vatican.

Qu'en pensez-vous, mon Révérend Père, et que faut-il croire de ces découvertes ?

J'irai vous demander la réponse.

En attendant je continue à réciter les litanies de Lorette.

Respectueuses salutations.

P. A.

LXXXIII

Mon Révérend Père,

Quelques enfants de Marie désireraient se confesser pour faire la Sainte Communion demain, premier vendredi du mois. Elles ont bien vu l'aumônier, mais elles ne sont jamais contentes, lorsqu'elles n'ont pu s'adresser à un Père. Ayez la bonté de venir ce soir ou, si cela vous était impossible, de nous envoyer un remplaçant. Nous y comptons.

Votre humble servante en N.-S

M. DE S. P.

R. S.-C. J.

LXXXIV

Mon Révérend Père,

C'est pour un petit service que je prends la liberté de m'adresser à vous.

Je dois payer, à la fin du mois, une somme de mille francs qui m'a été prêtée, il y a longtemps, par des gens qui en ont besoin et qui ne veulent plus attendre.

Je n'en ai que la moitié, même en ne gardant rien. Pourriez-vous me recommander à quelqu'une de vos riches pénitentes? Beaucoup seraient heureuses de vous prouver leur déférence en me tirant de cet embarras. Ce qu'on me prêterait serait sous peu religieusement rendu. Je compte sur votre paternelle bienveillance une fois de plus.

J'irai chercher la réponse dans quatre ou cinq jours.

En attendant, je vous prie, mon Révérend Père, d'agréer mes remerciements et de me bénir.

Votre respectueuse et reconnaissante enfant

L. C.

LXXXV

Révérend et cher Père,

Je ne puis croire que vous nous ayez quittés et je vais de temps en temps frapper à votre porte pour bien m'assurer que vous n'y êtes plus. Hélas ! ce n'est que trop vrai. C'est un grand vide.

Nous étions si habitués à vous voir promener dans le parc, à converser avec vous pendant les repas et au salon. Même lorsque nous ne vous apercevions pas, nous vous sentions près de nous. C'était jour et nuit la bénédiction de Dieu sous notre toit. Que vous nous manquez ! Le matin est moins joyeux, parce qu'on ne vous a pas dit bonjour; le soir, il semble que la journée est incomplète, parce qu'on ne vous a pas souhaité une bonne nuit.

Nous étions tentés de bénir la persécution qui vous avait fait notre hôte ; maintenant nous en voudrions presque au R. P. Provincial qui vous a rappelé. Nous nous consolons de votre absence en parlant souvent de vous, en pensant continuellement à vous. Les mois où nous avons eu le bonheur de vous posséder resteront, dans notre souvenir, comme les plus heureux de notre vie.

Pour moi, mon cher Père, je regrette de n'avoir pas été plus prévenante, plus attentive, plus empressée. Ce n'est pas la bonne volonté qui m'a fait défaut, croyez-le bien, ni le désir de rendre aussi doux que possible votre séjour au milieu de nous. Le respect et la timidité m'ont souvent empêchée de suivre les mouvements de mon cœur. Je m'en repens et, si c'était à recommencer, je tâcherais de faire mieux ; mais on n'a pas un pareil honneur deux fois dans sa vie. Pardonnez ces négligences involontaires et ne vous rappelez que notre joie de vous avoir et notre désir de vous garder. Conservez-nous toujours une place, dans votre cœur, surtout dans vos prières.

Je vous envoie deux cents francs pour vos œuvres ; c'était votre pension mensuelle lorsque vous étiez ici. Permettez-moi de continuer à vous la servir ; ce sera une consolation. Je serais plus heureuse encore si je pouvais m'occuper de ce dont vous avez personnellement besoin, comme je le faisais. C'est une douce habitude que je ne voudrais pas perdre.

Dites-moi donc ce que je pourrais vous envoyer en habits, en linge, en livres, etc... Je regarderai cette marque de confiance comme la preuve que vous avez été content de nos soins et que vous ne nous oubliez pas.

J'espère vous aller voir dans quelques jours. Je vous préviendrai, afin de ne pas me casser le nez contre une porte fermée ; ce serait une trop cruelle déception.

En attendant ce bonheur, trop fugitif hélas! je vous prie, Révérend et cher Père, d'agréer nos respectueux hommages et de me croire tout particulièrement

Votre reconnaissante et dévouée.

E. N.

P.-S. — J'ai trouvé, dans un coin de votre chambre quelques menus objets que je vous envoie, et une image de la Vierge fixée au-dessus de votre lit ; je vous demande la permission de la garder.

E. N.

LXXXVI

Mon Révérend Père,

J'ai dans ma classe deux petites filles extrêmement vicieuses. Elles ont contracté de vilaines habitudes dès leur enfance. Leurs nourrices et leurs bonnes recouraient à ces attouchements pour les calmer et les faire taire, comme cela se pratique trop souvent. De là, chez ces pauvres petites, un besoin irrésistible. Je ne les crois pas dangereuses pour les autres. En tout cas, je les surveille de près, et si elles s'avisaient d'enseigner ces pratiques abominables à leurs compagnes, elles seraient renvoyées immédiatement.

Dans ces conditions, pouvons-nous garder ces enfants et quelle conduite tenir à leur égard ? Jusqu'à présent nous nous sommes contentées de les envoyer souvent à leur confesseur, qui est au courant de leur manie.

Ces enfants appartiennent à d'excellentes familles ; leurs parents sont les meilleurs soutiens de la communauté par leur influence et leurs dons. C'est à considérer.

Veuillez, mon Révérend Père, prier pour les deux malheureuses et nous donner votre avis.

Bénissez-nous toutes et en particulier

Votre respectueuse enfant

G. M.

LXXXVII

Mon cher Père,

Je vais partir pour la campagne. Là, je n'ai pour tout potage qu'un vieux curé ignorant et sale. Au confessionnal, il exhale une odeur de tabac à priser, un relent de cuisine si écœurants que je ne puis y tenir. Et le pauvre homme se croit obligé de me faire des morales qui ne finissent pas ! Quand il distribue la sainte Communion, ses

doigts crasseux et ses ongles noirs me soulè-
vent le cœur de dégoût. Il est bien digne des
Gothons qu'il est chargé de conduire au ciel
et qui auront besoin d'être profondément re-
tapées pour offrir à l'œil un spectacle pas trop
effrayant.

Je voudrais donc, avant de quitter Paris,
faire une bonne confession et m'approvision-
ner de sages avis. Quand pourrai-je vous voir?
Je me présenterai jeudi. Les autres jours sont
pris par les préparatifs.

Je vous serai bien reconnaissante de me
recevoir vers les deux heures. Je ferai la
sainte Communion le lendemain, premier vendredi du mois, si vous le jugez à propos.

Adieu, mon cher Père, et merci de vos bon-
tés et de vos conseils.

Cordialement et respectueusement vôtre

A. M.

LXXXVIII

Mon Révérend Père,

Je n'en puis plus! J'ai beau me rappeler
vos exhortations et repasser tous les motifs

de patience que vous m'avez exposés ; c'est plus fort que moi. Il faut en finir. Comment ? C'est ce que je ne vois pas.

Mon mari est un soliveau que rien n'émeut, un glaçon qui ne fond jamais. S'il n'y avait que cela ; mais il est maussade, jaloux, soup-çonneux. Il n'a vraiment de bon que ses chevaux et sa table. Je ne me suis pas mariée pour vivre de ce régime ; j'ai du sang et des nerfs.

Suis-je vraiment attachée pour toute ma vie à ce bois mort ? La pensée de ce supplice sans fin, de jour et de nuit, m'affole. Serait-ce un si grand crime de chercher ailleurs des compensations ?

Quand toute ma chair crie et tressaille de tiraillements irrésistibles, il me semble que Dieu ne peut punir la satisfaction d'un besoin qu'il a mis en moi. C'est une faim et une soif; elles ont leurs droits ou leurs excuses comme les autres.

Un feu me brûle ; peut-on me défendre de me plonger dans l'eau qui coule devant moi et dont la fraîcheur m'attire ?

Je sais bien que ce que je vous dis là n'a pas le sens commun ; mais cela me soulage. Vous ne m'en voudrez pas.

J'irai, dès que je le pourrai, chercher con-

solation près de vous ; j'en ai tant besoin !
Soyez encore meilleur, si c'est possible. Je
suis sur le bord d'un abîme ; il me faut un
secours extraordinaire pour ne pas m'y préci-
piter.

S'il est vrai, comme vous me l'avez tant de
fois dit, que vous m'aimez beaucoup, sauvez-
moi des autres et de moi-même. J'ai confiance en vous, rien qu'en vous.

Je suis avec respect, mon Révérend père,
votre malheureuse et reconnaissante fille

J. L.

LXXXIX

Mon Révérend Père Provincial,
    P. C.

En revenant de Pau à Toulouse, je me suis
arrêté ici pendant une demi-journée. Les
Pères m'ont cordialement reçu, comme d'habitude.

Dans un long entretien, le P. Supérieur
m'a mis au courant d'une situation que je

crois devoir vous faire connaître, quoique je ne sois d'aucune façon chargé de vous la signaler.

L'excellent P. T... est à L. depuis longtemps déjà. Il entre fréquemment au Carmel pour voir la Mère Prieure. Cette religieuse est une fille de grande famille. A tort ou à raison, on l'accuse de ne frayer qu'avec des gens de son monde. Elle est intelligente et vertueuse, mais maladive et bizarre. Quelques personnes regardent ses souffrances corporelles et spirituelles comme des épreuves mystiques, comme une sorte d'obsession ; la plupart n'y voient qu'un effet de l'imagination et du tempérament. Dans le monastère, on a généralement de l'estime et de l'affection pour elle.

Quoi qu'il en soit, ce séjour prolongé du bon P. T..., ses visites dans l'intérieur de la clôture, cette insistance pour le retenir, étonnent, on pourrait dire scandalisent. Le public comprend difficilement que les supérieurs, si sévères ailleurs, aient ici tant de condescendance.

Le grand âge du P. T... et les emplois qu'il a remplis ne justifient pas, aux yeux des meilleures gens, cette assiduité.

S'il y a nécessité, ce que j'ignore, c'est déplorable.

J'ai hâte de dire que le P. Supérieur, en me parlant de ces bruits, n'a pas eu l'air d'y ajouter foi, ni même de l'importance. Son appréciation personnelle et celle de ses confrères a toujours été d'une bienveillante indulgence.

Pardonnez-moi, mon Révérend Père, ces détails, que je vous transmets simplement, sans en garantir l'exactitude.

Je me recommande à vos prières et à vos SS. SS.

R⁗ V⁗ servus in X^to

.L. C.

XC

Bien cher Père,

Ne vous inquiétez pas. L'abbé B. n'est pas votre ami, c'est incontestable ; mais il n'est pas encore évêque.

Sa littérature abondante et romanesque, la faveur de nos dames marseillaises, dont il est la coqueluche, les bons désirs du gouvernement, dont il accepterait sans broncher toutes les conditions, n'y peuvent rien.

Pourquoi ? Parce qu'il a dans sa famille des tares qui le feront toujours écarter. Jugez-en: Son père a fait banqueroute ; son grand'père est mort au bagne et son frère y est encore.

Dans ces conditions, le pauvre abbé peut entasser les volumes à titres affriolants ; je doute que son épiscopat soit écrit au ciel.

Je vous rapporte ce qu'on vient de me raconter. Je n'ai aucune raison pour suspecter la sincérité de mes informateurs ; mais je n'ai pu vérifier par moi-même. Il convient de se méfier et de faire faire quarantaine à ces bruits. Je vous tiendrai au courant.

Veuillez agréer, bien cher Père, mes respectueuses amitiés.

G. A.

XCI

Révérend et cher ami,

Nous avons installé hier les Carmélites. Mgr J... a célébré la Messe Pontificale. Mgr.B... a fait le sermon. Beaucoup de rabâchages et de choses incompréhensibles. A la fin, le bon vieillard a retrouvé sa verve pour distribuer des éloges délicats, et son grand cœur pour adresser de touchants adieux à ses diocésaines. Il les a remises à leur nouveau Pasteur en lui demandant la permission de les aimer toujours et de les appeler, comme autrefois, ses filles.

La foule a profité de la liberté de ce dernier jour pour visiter le monastère dans tous ses recoins.

Enfin les deux prélats ont béni les nouvelles recluses et remis les clefs à la Prieure. Demain, le silence, la prière, la solitude derrière les grilles !

Qu'en sera-t-il de cette fondation ? Beaucoup de gens ont des craintes.

La fondatrice a des qualités et de hautes relations ; mais elle est malade et en proie à des peines intérieures qui la paralysent. Elle ne se rend presque jamais au parloir, si ce n'est pour des ducs ou des princes.

La nouvelle maison a besoin de protecteurs, terrestres et célestes.

Le curé l'aime beaucoup ; les Pères de la Grotte, moins.

J'exprimais mes inquiétudes au brave P. S... Il m'a répondu avec son imperturbable solennité :

13

— Rassurez-vous, Madame ; il est inouï qu'une famille religieuse soit morte de faim.

— Cela vous est facile à dire, mon Révérend Père ; mais ces pauvres filles n'ont pas les mêmes ressources que vos Communautés.

Il m'a souri en homme content de lui-même et de son Institut.

Adieu, Révérend et cher ami ; quand aurons-nous de vos nouvelles ? En attendant, agréez l'assurance de ma respectueuse affection.

J. M.

XCII

Mon bon Père,

Je vous renvoie le manuscrit que vous avez eu l'amabilité de me communiquer. Je regrette de n'avoir pas pu vous le porter moi-même.

Mlle A... me l'a lu d'un bout à l'autre, en quelques séances. J'avais pitié de sa gorge, mais je n'ai pas eu assez d'abnégation pour retarder mon plaisir. Nous mettions les morceaux doubles. Vous n'avez jamais été mieux inspiré. Il faut faire imprimer au plus tôt.

Comme je suis persuadée que ce livre fera beaucoup de bien, je serais heureuse de le propager. Vous trouverez aisément un libraire pour l'éditer ; mais, si vous me le permettez, je ferai avec plaisir les frais. Je serais ainsi la marraine de ce nouveau-né, faute de mieux.

Il est indiscret de se jeter à la tête des gens; mais vous pardonnerez cet empressement à ma vieille et inaltérable amitié.

Je suis heureuse, mon bon Père, de vous en renouveler l'assurance.

E. B.

XCIII

Mon Révérend et cher Père,
P. C.

Je vous remercie bien sincèrement de la lettre que vous m'avez écrite et je vais y répondre avec une franchise égale à la vôtre.

Sans avoir eu de rapports personnels avec

M. l'abbé L..., je le connais particulièrement.
C'est un esprit clair, lorsqu'il le veut, une in-
telligence ouverte, un critique clairvoyant, un
bon cœur. On le dit même pieux. Il est pas-
sionné pour la science et en particulier pour
les études bibliques, ce qui dénote une âme
élevée. J'accorde tout cela et je m'en réjouis.

Mais M. l'abbé A. L... pousse la hardiesse
jusqu'à la témérité, la liberté jusqu'à la licence, le libéralisme jusqu'au naturalisme.

Non seulement il connaît mal la théologie,
mais il l'estime peu et pense que la philologie
peut se suffire. Il est frondeur et persiffleur,
ce qui semble à plusieurs un signe de force.
Son irritabilité tient peut-être à sa santé, assez précaire, dit-on.

Est-il nécessaire de dire qu'il est fort peu
ami de nos doctrines, de nos tendances, de
nos intérêts et de nos personnes ?

Volontiers il formerait ou verrait se former
un parti contre nous ; ce qui est malheureusement facile. Ce n'est pas une raison pour le
favoriser. M. l'abbé A. L... ressemble étran-
gement à M. l'abbé D... par son ton tranchant,
sa manière ironique et hautaine. Tous les
deux ont pris sur Mgr d'H... une influence
funeste.

Il s'est fait, en plusieurs occasions, leur

porte-voix et leur apologiste. En réalité, c'est moins à lui qu'à eux que je me suis attaqué à plusieurs reprises, soit dans des articles, soit par des démarches près des autorités ecclésiastiques:

De tels esprits sont dangereux parce qu'ils en imposent à la jeunesse et au public. Saint Ignace veut qu'on ne les loue pas et qu'on les discrédite. Il faut les combattre résolument, les dénoncer, les accabler. Ce serait une fausse pitié que de les épargner, aux dépens de la vérité.

Le P. Rozaven n'a pas hésité à pousser de toutes ses forces à la condamnation de Lamennais, au risque de déterminer sa chute. Lamennais avait cependant, pour le protéger, d'autres talents et d'autres services que l'abbé A. L...

Ce que l'on ne peut faire par la discussion écrite et publique, il faut l'essayer, le poursuivre et le réaliser par d'autres moyens. La dénonciation secrète, soit à l'ordinaire, soit à Rome, est parfaitement légitime ; elle est souvent un devoir. Pour hésiter, il faut être plus au fait des préjugés mondains que des règles canoniques. C'est la ligne de conduite que je me suis tracée au dedans et au dehors. Aimons les personnes ; mais, sous ce prétexte

spécieux, ne pactisons jamais avec les er-
reurs, surtout lorsqu'elles ne sont pas un accident, mais un système. *Dic Ecclesiæ.* Ce
n'est pas un conseil, c'est un ordre.

Je crois, d'ailleurs, qu'on m'attribue, dans
ce qui vient de se passer, une influence que
je n'ai pas eue. Si j'avais seul attiré l'attention
sur une méthode et des tendances que je persiste
à croire périlleuses, on ne se serait pas si vite
et si fort ému en haut lieu. D'autres ont dû
parler. Quoi qu'il en soit, loin de me repentir
de ce que j'ai fait et de regretter ce qui en est
résulté, je m'en applaudis et je suis prêt à recommencer.

Voilà, mon Révérend et bien cher Père, des
explications nettes et catégoriques sur les
points touchés dans votre lettre. Je vous les
donne avec empressement, parce que je sais
avec quel esprit de fraternelle bienveillance
vous me les demandez.

Si vous jugez à propos de les communiquer
à quelques-uns des Nôtres, je n'y vois pas de
gros inconvénients.

Je me recommande à vos prières et à vos
SS. SS.

R^m V^æ servus in X^{to}

J. B.

XCIV

Mon Révérend Père,

Voici du nouveau. Dans une conversation avec le P. E..., qui est assez primesautier, vous le savez, je lui disais que M. H... avait quelque temps vécu très intimement avec la sœur de sa femme.

— Mais alors ils ne pouvaient pas se marier, s'est-il écrié, et leur mariage est nul; car je ne crois pas qu'ils aient demandé dispense.

Cette exclamation a passé comme un éclair devant mon esprit. Je suis précisément dans le même cas, à cause des rapports que j'ai eus avec le frère de mon mari. Vous savez que j'ai dû d'abord l'épouser. Notre mariage est donc nul.

Si notre mariage est nul, vous êtes bien persuadé que nous n'avons nullement l'intention de recommencer et de le faire valider. Nous sommes libres devant l'Église et la conscience; nous pouvons le devenir également devant l'état civil et le code; il n'y a qu'à demander le divorce.

Nos avocats s'entendront pour trouver des motifs ; et comme nous sommes d'accord, tout va se faire vite et sans bruit.

Cette découverte m'a bouleversée. J'en suis heureuse et pourtant effrayée. Je n'ai rien dit à personne et vous êtes le premier à connaître ce grand secret.

Comme on ne peut traiter une pareille affaire par lettre, j'irai vous voir au plus tôt et prendre votre avis. Je sais que vous ne voulez que mon bonheur, ou du moins un adoucissement à ma misère. Ayez la bonté de me faire savoir quel jour et à quelle heure je pourrai vous trouver. Je ne voudrais pas entreprendre ce voyage pour rien.

Veuillez agréer, mon Révérend Père, mes remerciements et l'assurance de mon profond respect.

O. P.

XCV

Mon Révérend Père,

Il est malaisé de vous dire ce qu'est votre nouvel évêque. Je l'ai connu à Paris ; mais qui peut se flatter d'avoir vu le fond d'un homme et d'un Normand? N'acceptez que sous toutes réserves ce que je vais vous écrire. C'est assurément ce que je pense, mais est-ce bien ce qui existe?

Au point de vue des mœurs, dans le sens étroit du mot, je crois qu'il n'y a pas grand'-chose à redire chez M. l'abbé L. N... Il aime les femmes en général, mais je n'ai jamais ouï dire qu'il se soit amouraché d'aucune en particulier. Ceci prouve au moins qu'il n'y a pas eu scandale. Par le temps qui court, ce point est à noter. Est-ce sécheresse de cœur ou vertu? Va pour la vertu!

Dire que M. l'abbé L. N... est pieux serait s'aventurer; on peut affirmer qu'il a la foi, une foi sinon très vive, du moins solide. Il la tient de la race et de l'éducation.

Par exemple, c'est la foi du charbonnier, plus que celle du docteur. Il ignore la théologie, même le catéchisme et il ne sent pas cette lacune. De là vient, disent les méchants, une partie de sa facilité. Il assure couramment que la grâce est une invention de S. Paul, et je doute qu'il ait jamais bien su distinguer la grâce actuelle de la grâce sanctifiante, à plus forte raison, la suffisante de l'efficace.

Pas mystique pour deux liards. Le mysti-

cisme pour lui c'est de l'hystérie, tout bonne-
ment. Exemple : Ste Thérèse !

Peu d'érudition et de lecture ; quelques bri-
bes de Bossuet qu'il ressasse à tout venant,
quelques anecdotes qu'il utilise dans sa conversation ou dans ses discours. Il ignore
également les auteurs grecs, latins, modernes
et contemporains. Il écrit un français lamenta-
ble, comme vous avez pu vous en convaincre.

Comme orateur sacré, M. l'abbé L. N... a
de grandes qualités extérieures ; grâce à ses
dons naturels et acquis, il peut produire de
l'effet et faire illusion sur la multitude. Dans
sa mémoire, qui est excellente, sont rangés
une foule de lieux communs pouvant servir en
beaucoup d'occasions ; il passe ainsi pour un
improvisateur à ses yeux et aux yeux de ceux
qui ne le connaissent pas.

Ses familiers peuvent faire d'avance ses discours et c'est un de leurs amusements. Il essaie sur eux, à table ou en conversation, les
traits qu'il veut lancer et qui ont déjà beaucoup servi à lui-même et à d'autres.

Incapable de développer une thèse, M. l'abbé
L. N... a de temps en temps des morceaux assez spirituels ou des tirades assez ronflantes.
Il ne réussit à sortir du verbiage et de la banalité que dans la causerie, les toasts et quel-

ques brèves allocutions. Encore ne faut-il pas trop souffler sur ces bluettes, ni trop analyser cet esprit et ce pathétique.

En revanche, M. l'abbé L. N... est très adroit de ses mains ; j'ai vu de lui des cuirs artistement travaillés et de menus bibelots fort bien exécutés. Il est aussi collectionneur, brocanteur plutôt que connaisseur. Il a eu quelques bonnes fortunes sur les quais et en parle fièrement. Le hasard est pour beaucoup, sinon pour tout dans ces trouvailles.

Ambitieux tenace, il a voulu être évêque et il l'est devenu, malgré le mauvais vouloir du Cardinal, qui ne l'aime pas du tout et ne l'estime guère. Je ne serais pas étonné si l'on me disait qu'il grille d'échanger sa robe violette contre la soutane rouge, et rien n'empêche qu'il y réussisse. On fait du chemin lorsqu'on sait marcher et ramper tour à tour. Cette ambition explique toute la vie de M. l'abbé L. N...

Un candidat si souple devant le directeur des Cultes sera certainement très raide vis-à-vis de ses prêtres. Malheur à qui lui déplaira! Il sera sans pitié comme sans charité ; la grossièreté native l'emportera. Cette irascibilité sans tact et sans frein risque de lui faire faire des sottises.

Il y a chez ce fils de tailleur, sous les faux airs du grand homme, les petitesses, la fatuité et l'insolence du parvenu. Il n'a jamais su obéir ; il ne saura pas mieux commander.

Ce pasteur un peu singulier n'aimera guère l'élite de son troupeau, je veux dire les religieux, de quelque règle et de quelque habit qu'ils soient, hommes ou femmes, actifs ou contemplatifs. Il est très imbu du préjugé normand qui met avant tout le clergé séculier et la paroisse. Il ne faut donc pas compter sur sa protection. Le droit canonique, ce sera pratiquement son bon plaisir. Ceux qui obtiendront le plus de lui seront ceux qui savent se faire craindre ou se rendre nécessaires. On ne peut prendre M. l'abbé L. N... que par un intérêt d'argent ou de vanité.

Peut-être le Saint-Esprit changera l'homme et en fera un évêque à la hauteur de sa mission. Le miracle n'est pas impossible, quoique la grâce, même celle de l'ordination et de la consécration épiscopale, transforme assez rarement les cœurs, presque jamais les têtes.

Adieu, mon Révérend Père. Excusez cette longue lettre. J'ai pensé que ces détails, pris à très bonne source, seraient agréables à vous et aux Nôtres, surtout en ce moment.

Un homme averti, dit le proverbe, en vaut deux.

Je me recommande à vos prières et à vos SS. SS.

R⁰ V⁰ servus in Xᵗᵒ.

V. D.

XCVI

Cher et Révérend Père,

Mlle de R... acceptera volontiers de quêter pour votre œuvre et sa quête sera fructueuse. Elle a de nombreux parents et de plus nombreux amis, qu'elle rançonne, sans remords.

Jolie fille et riche héritière, beaucoup de louis tomberont dans sa bourse, qui ne se dérangeraient pas si une autre main la tendait. Ce motif n'est certainement pas très surnaturel ; mais si l'on y regardait de trop près, on n'aboutirait à rien.

Les moyens, quoi qu'on en dise, purifient bien un peu la fin ; sans cela, où en serions-nous ? D'ailleurs la fin, ici, est-elle si mauvaise ?

Mlle de R... ne me refusera pas son concours ; mais une demande venue de vous lui donnera plus de zèle. Ayez donc la bonté de lui écrire un mot gracieux, qu'elle puisse montrer. Je vous assure que votre encre sera bien payée. Trempez votre plume dans la meilleure, l'encre de la « petite vertu ».

Veuillez agréer, cher et Révérend Père, l'assurance de mon affectueux respect.

C. R.

XCVII

Mon Révérend et cher Père,
P. C.

Votre appréciation du P. G. L... ne me scandalise pas, bien au contraire ; c'est celle de tout le monde ici, lorsqu'on parle entre compères, après dîner. Lorsqu'on écrit, c'est différent. J'ai été d'abord étonné de cet écart entre les mots qui volent et la lettre moulée ; maintenant je me l'explique très bien.

Le P. G. L... est un sensitif, fermement

persuadé qu'il écrit en vers comme Corneille, en prose comme Bossuet, avec une note un peu plus moderne. Allez lui dire qu'il est ennuyeux comme la pluie, banal comme les grands chemins, pas du tout philosophe, lourd et pédant, avec des prétentions risibles à la profondeur et à l'originalité ! Il ne vous croira pas ; s'il vous croyait, il en mourrait de dépit et de chagrin. Faut-il tuer ce pauvre homme, quand un peu d'encens le rend si heureux ? On lui prodigue donc en souriant les éloges auxquels on sait qu'il tient le plus. Cela ne tire pas à conséquence.

Ajoutez que bon nombre de nos faiseurs d'articles bibliographiques ont été ses élèves. Peuvent-ils contrister le cœur de leur vieux maître ? Voilà comment se font les réputations. Elles fondront comme une statue de neige au soleil ; pas même le fracas d'un écroulement.

R^æ V^æ servus in X^{to}

P. S.

XCVIII

Mon Révérend Père,

J'ai assisté avant-hier, un peu en contre-bande, à l'inauguration de la chapelle de l'École Sainte-Geneviève. La cérémonie a été luxueuse. Pas mal de Pères, bon nombre d'amis; pas autant d'uniformes et de galons qu'on l'aurait désiré. Nos militaires n'ont pas le courage civil et plusieurs ont oublié principes et maîtres. C'était cependant un coup d'œil peu banal et plus d'un visage s'épanouissait d'un naïf orgueil.

Le discours du P. B... a été convenable, d'allure pesante et sans beaucoup de flamme: Le brave Père tient du bœuf plus que de l'oiseau. Même lorsqu'il croit prendre son envolée, on sent qu'il a des pattes qui l'attachent au sol.

M. de M... n'a dit que quelques mots insignifiants et très applaudis. En voilà un qui a l'art d'être malade et de se défiler chaque fois qu'il s'agit de payer de sa personne!

Le P. du L... a eu la coquetterie de ne pas venir. Le directeur a prononcé un discours ennuyeux.

En somme, de tous ceux qui ont pris la parole, pas un seul n'a trouvé un mot vibrant, un cri du cœur, quelque chose qui donne le frisson et la chair de poule.

Ce qu'il y a eu de mieux, c'est le dîner. Les mets étaient nombreux, abondants, recherchés. Les vins rouges et blancs coulaient à profusion. Desserts exquis, liqueurs fines. Plus d'un convive est sorti le visage congestionné. J'allais ajouter une sottise.

On a beaucoup remarqué l'absence de l'autorité ecclésiastique. Ni le Cardinal, ni les grands-vicaires, ni le curé de la paroisse. Les bons Pères tiennent à prouver qu'ils sont exempts et qu'ils se suffisent.

Au milieu de ces habits noirs, de ces uniformes scintillants de capitaines, de colonels, de généraux, de ce cliquetis de sabres et de ce décor aristocratique, on aurait aimé à voir quelques prêtres séculiers, quelques robes de moines. Ce mélange n'aurait pas fait tache et il aurait été d'une habile politique. Un exclusivisme orgueilleux amène l'isolement et, à certains jours, il est bon de ne pas être seul.

Peut-être aussi, tout en faisant très bien les.

choses, aurait-on pu laisser deviner quelques traces de la pauvreté religieuse. En présence de cette profusion de choses coûteuses, de ce fourmillement de broderies et de dorures, qui donc aurait soupçonné que les organisateurs de la fête étaient des hommes voués par vocation et engagés par vœu au dépouillement et au mépris des vanités ?

Jesuita ! Jesuita ! Jesus non ibat ita !...

Adieu, mon Révérend Père ; pardonnez-moi ces petites critiques ; ce que je vous dis sans malice et en riant, d'autres l'ont dit avant et devant moi, avec moins de bienveillance.

Votre élève fidèlement dévoué

G. M.

XCIX

Mon Révérend et bien cher Père,
P. C.

Rassurez votre ami ; ses craintes partent d'un bon sentiment, mais elles n'ont aucune raison de subsister. Tant que le Cardinal vivra, rien ne sera changé. Après, Dieu pourvoira. S'il avait pour successeur tel prélat dont on parle, il faudrait s'attendre à tout ; mais il passera beaucoup d'eau sous les ponts avant que ces prophéties sinistres s'accomplissent.

Le Cardinal nous aime-t-il ? Non ; mais il a des principes, une ligne de conduite, une ornière dont il ne serait pas facile de faire sortir la « pieuse mule ».

D'autre part, *on le tient*, et il ne peut, même s'il le voulait, nous créer d'embarras. Nos Pères lui ont rendu un service signalé, jadis, lorsqu'il fut obligé de quitter son diocèse, pour des raisons ignorées du public, mais que plusieurs des Nôtres connaissent. Il le sait et cela suffit.

Je ne peux pas vous en écrire davantage ; lorsque nous nous reverrons, et j'espère que ce sera bientôt, demandez-moi des explications, et je vous mettrai au courant.

En attendant, soyez tranquille, rassurez les autres et ne m'oubliez pas dans vos prières et vos SS. SS.

R^æ V^æ servus in X^{to}

H. M.

C

Mon Révérend Père,

Je sors de voir ma fille au Sacré-Cœur. Elle m'a confié que les Supérieures venaient de faire passer en Angleterre de grosses sommes, une partie de leur fortune mobilière. Elles ne l'ont pas fait sans motifs urgents. Ces dames sont, en effet, merveilleusement renseignées sur tout ce qui les concerne, par les agents même du fisc et par les plus gros bonnets. C'est ce qui explique comment elles ont pu manœuvrer aussi habilement et esquiver tous les coups depuis plusieurs années.

Vous êtes, sans doute, renseignés par ces bonnes Mères elles-mêmes et par d'autres personnages également au fait des projets gouvernementaux; je porte donc ma cruche d'eau à la mer; mais je suis heureuse de vous donner ce témoignage de mon inaltérable dévouement à la Compagnie de Jésus.

Veuillez en agréer, mon Révérend Père, le respectueux hommage.

C. N.

CI

Cher Révérend,

Un mot tout neuf, de peur de l'oublier, ou de n'être pas la première à vous le communiquer.

Le P. L... était en train d'accabler d'éloges les œuvres et les ouvriers de la Compagnie. Il vantait surtout l'obéissance aveugle qui fait ces merveilles. A la fin, le colonel de G..., exaspéré de ces hyperboles, le tire par la manche en criant :

— Si l'obéissance est aveugle, je l'ignore ; pour le commandement, j'en réponds !

Tout le monde de rire. Le pauvre P. L... a été si décontenancé par cette boutade qu'il n'a pu continuer. Nous avons cru qu'il avait avalé sa langue, un médiocre morceau, entre nous soit dit.

Agréez, bon et cher Révérend, mes respectueuses salutations.

R. DE J.

CII

Mon Révérend Père,

Je viens de recevoir le numéro de l'*Éclair* que vous m'avez envoyé. Permettez-moi de vous dire que je ne l'accepte pas.

Je connais l'abbé D... Je ne garantis pas toutes ses assertions historiques ; je ne loue pas aveuglément ses tendances et son ton ; mais je le regarde comme un de nos plus solides érudits et, ce qui vaut mieux, comme un excellent prêtre, de mœurs absolument irréprochables. Très peu de vos confrères sont moins « juponnards » que lui.

Qu'un journaliste de quatrième ordre le calomnie, pour amorcer les lecteurs, c'est fort mal, mais l'on hausse les épaules et l'on passe. Qu'un religieux cédant à je ne sais quelles préventions d'école ou de corps répande cette vilenie en bon lieu, par centaines d'exemplaires, c'est quelque chose de révoltant. On ne peut le comprendre que par une sorte de fanatisme furieux. Je ne vois pas d'autre excuse à votre propagande.

Avez-vous averti vos supérieurs ? Vous ont-ils permis de dépenser à pareille besogne les libéralités des bonnes âmes ? Je ne le pense pas.

Si l'on agissait ainsi pour l'un des vôtres, quels cris et quelles dénonciations ! Vous n'auriez pas tort. Comment osez-vous, vis-à-vis d'un prêtre séculier, ce que vous regarderiez comme un sacrilège à votre égard ? Jeanne d'Arc, que vous présentez modestement comme le type de votre Société, par sa vaillance inspirée, sa pureté virginale et son martyre, n'aurait jamais accueilli pareille pensée dans son âme chevaleresque.

J'espère que vous reconnaîtrez votre aberration et que vous la réparerez. Je croirais vous avoir rendu service en y contribuant.

Dans cette confiance, je vous prie d'agréer, mon Révérend Père, avec mes excuses pour les termes un peu vifs de cette lettre, l'assurance de mon dévouement en N. S.

J. D.

CIII

Pardonnez-moi l'expression d'un regret, bon et Révérend Père, mais je ne puis taire que j'ai lu avec peine le compte rendu par le P. C... du livre scandaleux de M. Drumont.

Sans doute l'article contient des réserves, mais pas assez, à beaucoup près, et l'impression qu'il laisse serait plutôt favorable à ce triste ouvrage.

Que vaut l'art de l'écrivain devant ces excès de langage, ces calomnies (il y en a beaucoup), ces médisances, ces jugements d'une présomption incroyable ; devant le mal que fera cette lecture et l'amoindrissement du respect pour l'épiscopat ? Comment ose-t-il écrire : *un épiscopat ambitieux et servile !* Comme si tous les évêques méritaient cette flétrissure !

Je pourrais m'étendre sur ce sujet, mais il me suffit d'exprimer mon chagrin.

Veuillez bien agréer, mon bon et cher Père, l'assurance de mes affectueux sentiments.

✝ A. L., évêque d'A.

CIV

Mon Révérend et bien cher Père,
P. C.

Permettez-moi, bien que je ne sois qu'une simple unité religieuse dans la Compagnie, de vous offrir à vous, et par vous, à toute la Rédaction des *Études*, mes fraternelles et sympathiques condoléances à l'occasion de la note parue dans le dernier numéro.

En vérité, comment se peut-il que des Nôtres aient manqué de tact et de charité au point de tirer sur leurs propres troupes, au profit d'un L..., écrivain non seulement du *Correspondant*, revue toujours teintée d'un vieux reste de libéralisme, mais du *Figaro*, « la honte de la presse », selon le mot de Mᵍʳ Freppel !

C'est bien le cas de répéter qu'on n'est jamais trahi que par les siens, car c'est là une trahison véritable. Qu'il y ait chez nous, comme ailleurs, des divergences d'opinions, pourvu que le désaccord reste *intra muros*, je le conçois ; mais que le désaccord paraisse,

14

éclate au dehors, c'est infiniment regrettable, car toute désunion est une faiblese, et celle qui vient de se produire ne profitera ni à la Compagnie, ni à la gloire de Dieu.

Mais pourquoi donc, mon bien cher Père (le P. de G... se le demandait avec nous), pourquoi cette note publique dans les *Études*? Est-ce une réponse à un nouvel article du *Correspondant*? Dans ce cas, cette note loyale et franche se comprend.

Mais si L... n'a fourni ses pièces qu'en particulier, je trouve la note d'une excessive loyauté, puisqu'elle accentue publiquement le désaccord qui existe entre les *Études* et certains des Nôtres. Vous seriez bien aimable de me trancher ce petit nœud gordien. Votre solution d'ailleurs intéressera toute la Résidence.

Avant de finir, laissez-moi vous assurer, mon bien cher Père, je le sais de source certaine, que l'Évêque actuel d'Orléans, le successeur du « grrrand » Évêque, du Soleil éteint qu'adorent toujours L... et ses anonymes, a les *Études* en haute estime. Il a regretté ce débat, mais il a trouvé votre réponse absolument vraie.

— Qui donc, me disait M. L..., premier grand vicaire de Laval, a jamais pu douter des agissements de Mgr Dupanloup pendant le Concile ?

En vérité, je me permets de le dire, il n'y a que l'ignorance ou la mauvaise foi, ou bien je ne sais quel fétichisme dupanloupien qui puisse y contredire.

Vous êtes un peu, comme le Maître, *signum cui contradicetur* ; mais ce signe c'est le bon, car c'est le signe de Dieu et des œuvres de Dieu.

En union de vos SS. SS.

R^æ V^æ servus et frater, in X^to

C. R.

CV

Mon Révérend Père,

Vous trouverez étrange qu'un inconnu ose venir vous donner un conseil ; mais vous en ferez ce que vous voudrez !

J'ai admiré votre courage dans vos articles et je portais envie à votre plume si acérée contre tous les scandales de nos conservateurs.

Je voudrais savoir écrire ou parler pour tonner contre une autre espèce de sottise contre le luxe des œuvres catholiques.

Je ne sais si je me trompe, mais je suis persuadé que le luxe est ce qui nous perd. Là où je le trouve plus odieux, c'est dans les œuvres. Je ne parle pas des bals de charité... un comble! Je veux parler de toutes les œuvres présidées par nos prêtres et nos évêques, voire même des retraites données par vos Pères, surtout chez les dames du S.-C. où on doit revêtir une nouvelle toilette pour chaque instruction; et telle de ces dames du S.-C. manifeste son étonnement quand une de ces mondaines ne peut pas se travestir aussi fréquemment!

Qu'arrive-t-il? Certaines dames, vraies chrétiennes, celles-là, ne peuvent faire partie de ces œuvres, où elles accompliraient plus de bien que personne, parce qu'elles ne peuvent consentir aux folles dépenses qu'elles devraient s'imposer pour se procurer les toilettes tapageuses de ces *prieuses de Sainte-Ciotilde*, comme les appelle Drumont.

Et ce qui m'enrage (excusez l'expression, mon Révérend Père), c'est que les prêtres et les religieuses surtout sont les premiers à favoriser ce luxe, au moins indirectement.

Comme il y aurait à ajouter au portrait littéraire de Dupin tracé par Léon Gautier!

Croyez-vous, mon Révérend Père, que vous ne pourriez pas faire un peu de bien en consacrant un article à ces scandales de la pire espèce?

Excusez-moi, mon Révérend Père, et veuillez me croire votre très humble serviteur dans les SS. Cœurs de J. M.

F. T.

Franciscain.

CVI

Mon Révérend Père,

Je suis depuis quelques jours sur les confins de l'Auvergne. Une saison d'air sur ces montagnes est plus agréable et plus salubre que dans les villes d'eaux. Mais ce n'est pas d'hygiène estivale que je veux vous entretenir.

En ce pays primitif, on bavarde tout comme dans les parloirs du Sacré-Cœur ou des Oiseaux; et on en dit de belles sur vos chers confrères! Voulez-vous un échantillon?

14.

Un Père est venu prêcher une retraite aux Carmélites d'A... Son nom commence par un B et il y a une lettre redoublée. Devinez !... Ce qui s'est passé entre lui et les saintes filles, personne n'en sait rien ; c'est le secret de Dieu, des anges, des tours et des grilles.

Malheureusement, parmi les dévotes qui ont profité de sa présence pour venir déverser leur âme dans l'âme d'un Père, on cite Mme D... Il paraît que leurs âmes étaient sœurs, car ils se sont d'abord sentis poussés l'un vers l'autre, si bien poussés qu'ils ont fini par la « bête à deux dos ». Nos Auvergnates sont rudes dans leurs expressions.

Il a fallu se séparer ; mais la poste a été inventée en grande partie pour les amoureux. Ce qu'ils ne pouvaient se dire bouche à bouche, les nôtres se sont mis à l'écrire. Comme le R. P. ne pourrait pas recevoir à la maison une correspondance aussi « personnelle », il se la fait adresser, poste restante, sous un nom de guerre. Est-ce bien un « nom de guerre » qu'il faudrait dire ici ? C'est l'A B C du métier.

Les petits cadeaux entretiennent l'amour encore plus que l'amitié. Le P. B... n'a besoin de rien ; son vœu de pauvreté lui assure bon souper, bon gîte et le reste. Mais une femme, même riche, manque toujours de beaucoup de choses. Le directeur a donc pris l'habitude d'envoyer de temps en temps à sa Philothée certaines vignettes bleues très recherchées. Dans le cours de l'année, c'est un millier de francs qui partent ainsi de Paris pour la province et augmentent l'argent de poche de la bien-aimée.

Comment le P. B... peut-il concilier tout cela avec ses trois vœux de pauvreté, de chasteté et d'obéissance, lui qui est si austère de visage et de parole pour les autres ? Un bon casuiste s'en tire toujours, dit-on ; pour moi, j'ignore la recette.

A ce propos, une abonnée de la rue de Sèvres, en train de refaire ici ses nerfs, nous communiquait une singulière impression. Après avoir entendu raconter l'historiette avec toutes sortes d'enjolivements, elle dit avec un grand sérieux :

— Eh bien ! cette façon d'agir ne m'étonne pas. En visitant le musée de peinture du Louvre, à la salle des maîtres modernes, j'ai été frappée un jour de la ressemblance extraordinaire qu'il y a entre le P. B... et le démon qui tente Jésus-Christ, dans le tableau d'Ingres. Depuis, je me suis toujours méfiée instinctivement de ce mystique osseux, jaune et bilieux. Je vois que je n'avais pas tort.

Quelqu'une de ces bonnes dames ajouta, pour confirmer la remarque par un autre exemple, que le cardinal (encore un nom commençant par un B, avec une consonne redoublée), dont le visage a la même teinte et le langage la même pruderie, était sujet aux mêmes faiblesses.

Comment avons-nous connu tout cela ? Par la voie ordinaire. Un nouveau prédicateur est passé dont la figure et la parole étaient, paraît-il, fort persuasives. Mme D..., prise de remords, et quelque diable aussi la poussant, est accourue lui exposer son cas, avec pièces à l'appui. Le missionnaire, à son tour, a narré l'aventure à ses amis et connaissances, en y mettant juste assez de gaze pour émoustiller la curiosité et laisser deviner. Ça été vite fait.

C'est ainsi que le P. B... s'est acquis une réputation sur les plateaux Arvernes. Ne le plaignez pas trop ; sa direction n'en sera que mieux appréciée et plus recherchée.

Quand nous reverrons-nous à Paris ? Je pourrai probablement vous montrer le prédicateur célèbre qui vous édifiera sur toute cette intrigue et mettra, si vous y tenez, les points sur les *i*. Le digne homme n'a jamais refusé de dire tout ce qu'il savait sur le prochain.

En attendant, je vous promets, mon Révérend Père, de ne pas ébruiter l'affaire, autant que cela dépendra de ma discrétion, et je vous prie d'agréer l'hommage de mon profond et respectueux attachement.

J. L.

CVII

Mon Révérend Père,
P. C.

A plusieurs reprises, j'ai prié notre P. Procureur de province, très au courant des choses de la librairie, de m'envoyer un certain nombre de livres anciens plus ou moins rares. Il s'est montré fort empressé à me rendre ce service: et j'admirais sincèrement cette promptitude dans la charité. Une petite découverte que le hasard vient de me faire faire diminue ma reconnaissance. Quoique la chose paraisse peu croyable, je ne puis en douter. Je regrette cette évidence.

A chaque envoi, le bon Père C... avait soin.

de joindre une facture bien en forme aux livres expédiés, ce que tout Procureur devrait imiter ; mais cette facture n'était pas celle du bouquiniste vendeur, elle était considérablement majorée. Le commissionnaire profitait de la différence parfois très considérable : plus de 50 0/0!... Les volumes ainsi fournis valent ce que je les ai payés, mais il était sous-entendu que j'avais affaire à un intermédiaire bienveillant et gratuit, non à un commerçant intéressé et même peu délicat.

Notre Maison perd à ce petit jeu plusieurs centaines de francs ; c'est beaucoup pour le budget de notre bibliothèque.

On objectera que le P. C... a besoin de ressources pour faire imprimer ses *Documents* relatifs à l'histoire de la Compagnie. Soit ; ce n'est pas une raison pour user de pareils procédés. Si on les connaissait au dehors, ce serait une honte. La Procure de province nous a déjà imposé plusieurs exemplaires des volumes parus et des souscriptions à ceux qui se préparent. C'est une contribution considérable. Si cela ne suffit pas, qu'on nous taxe encore ou qu'on fasse appel à notre bonne volonté ; mais franchement et honnêtement. Nous avons le droit de n'être pas dupes. Il n'y a d'ailleurs aucun mérite à nous gruger de cette façon.

Je pourrais ici, mon Révérend Père, invoquer votre titre de Consulteur pour présenter une plainte officielle à qui de droit, mais c'est une démarche pénible et je ne crois pas y être obligé en conscience. Je suis persuadé que l'intention du P. C... est meilleure que son expédient. J'abandonne donc le tout à votre prudence et à votre charité.

L'important, c'est que de pareilles mœurs ne s'acclimatent pas et ne se généralisent pas chez nous. Pour corriger l'opinion courante, nous devrions montrer une loyauté plus scrupuleuse et plus éclatante que celle des autres.

Veuillez excuser les expressions dures un peu de cette lettre et me croire bien véritablement, mon Révérend Père,

R⁼ᵉ Vᵗᵉ servus in Xᵗᵒ infimus

P. M.

S. J.

CVIII

Mon Révérend Père,
P. C.

Vous me demandez quelques renseignements à propos de l'affiliation de l'abbé B..., et de M. F.-V... à Notre Compagnie. Je m'empresse de vous les envoyer.

L'abbé B... est un ancien grand-vicaire d'Orléans ; mais il n'a jamais partagé les idées libérales de Mgr Dupanloup, et surtout il n'a jamais été mêlé à ses intrigues religieuses ou politiques. Il ne ressemble point en cela à ses collègues Bougaud, Lagrange, Gaduel.

L'abbé B... a beaucoup écrit, et ses ouvrages, souvent diffus et longs, mais attrayants par l'actualité, ont eu un grand succès de librairie. Cet écrivain facile est un homme habile.

Son premier livre, *Le Doute et ses Victimes*, est intéressant et il a commencé sa vogue. Certains de nos Pères le jugent sévèrement et ne le mettent jamais entre les mains de la jeunesse. Les sceptiques et les libertins y sont trop sympathiques et trop idéalisés. L'incrédulité n'est pas si belle ; ces poètes et ces philosophes qu'on nous peint si noblement inquiets et si cruellement tourmentés furent d'ordinaire d'assez vilains égoïstes.

La Foi et ses Victoires, qui devait faire le pendant et le contrepoison de ce premier ouvrage a eu beaucoup moins de succès.

Le premier volume de la *Vie de Mgr Pie* est sérieux ; le second n'est qu'un escamotage. Le rôle de l'Évêque de Poitiers pendant le Concile et son attitude depuis l'avènement de Léon XIII sont défigurés ou sacrifiés. Le personnage n'était pas *persona grata* au nouveau Pape et le biographe n'a pas voulu se compromettre.

La Vie de la Mère Barat a été entreprise à la prière des Dames du Sacré-Cœur. Elles ont fourni les documents et ont payé 20.000 francs à l'auteur. C'est un panégyrique où tout est idéalisé, arrangé, grossi. La part que la Compagnie a eue dans la vie de Mme Barat, dans la fondation et le progrès de son ordre, n'a pas été suffisamment indiquée ; pour combler cette lacune, la Mère Cahier, sœur de notre savant P. Cahier, a écrit un gros volume de supplément, dont les matériaux lui viennent en grande partie des Nôtres. On y tombe dans l'excès opposé.

Les volumes sur *Saint Jean* et *Saint Ambroise* sont des romans historiques, agréables à lire, mais sans critique et d'une sentimentalité un peu fade, suivant les Bollandistes.

La Vie au Collège est un recueil d'instructions, de discours, d'entretiens d'une élégance simple, pleins d'applications pratiques. La vigueur, les preuves, le sens du devoir, le ressort manquent.

La Vie du général de Sonis a le grave défaut de ne pas mettre en relief les qualités militaires du héros. Le style est lâche et le plan indécis ; mais les beaux sentiments et les belles citations rachètent tout. Le P. Ginhac avait connu le jeune officier à Castres, et il était resté en relations intimes avec lui ; de même le P. Ramière. Tous deux avaient communiqué à l'auteur des lettres importantes, très honorables pour la Compagnie. Ce sont ces morceaux qui ont été supprimés.

Malgré ces défaillances plus ou moins conscientes, M. l'abbé B... doit être regardé comme un excellent prêtre, ami de la Compagnie et justement estimé par les catholiques. L'affiliation me semble donc justifiée par la valeur personnelle de cet ecclésiastique, par sa situation considérable, par sa réputation et par les services qu'il a rendus à notre Institut, particulièrement à la Province de Champagne, comme supérieur du Collège Saint-Joseph de Lille.

Je connais moins M. F.-V... C'est un célibataire riche et professant de bons principes. Je ne le crois pas très intelligent. Au point de vue strictement moral, il n'a jamais fait parler de lui. Dans les circonstances actuelles, il peut être utile à la Compagnie, pour laquelle il affiche un dévouement très décidé, non seulement par sa fortune et son crédit, mais encore par ses relations personnelles et familiales. Tout considéré, il semble avoir les qualités exigées par l'Institut pour l'affiliation.

Voilà, mon Révérend Père, ce que je puis répondre à votre lettre, *salvo meliori judice*.

Je me recommande à vos prières et à vos SS. SS.

R^æ V^æ servus in X^to infimus

P. F.

S. J.

CIX

Mon Révérend et cher Père,

Vous êtes curieux de connaître mon impression sur le clergé d'ici. Je vais vous la donner franchement et sans précautions oratoires. Mon séjour commence à être assez long, mes informations assez précises pour que je ne me trompe guère dans les appréciations générales ; je ne veux pas entrer dans les particulières.

Dans son ensemble, le clergé parisien des paroisses est médiocre par la science, la vertu et même la tenue. Cette constatation déconcerte au premier abord ; on est moins étonné lorsqu'on n'oublie pas qu'il est formé, dans une forte proportion, de recrues arrivées de tous côtés et par tous les chemins et qu'il est absorbé par les besognes matérielles du ministère. Tout ce qui le forcerait à travailler, à s'instruire, à s'élever, tout ce qui le tirerait de cette ornière : prédications, enseignement, direction, presse, tout cela est accaparé et jalousement gardé par les religieux.

Le mal descend de haut. A la tête d'un diocèse où se heurtent tant d'éléments de nature et de provenance diverses, il faudrait un archevêque actif, expérimenté, d'esprit ouvert et large et de longue vue. Le bon Mgr Richard se distingue par l'absence de toutes ces qualités. C'est une « pieuse mule », comme l'appellent couramment nos Pères de Paris, mais têtue comme sa race, ombrageuse, jalouse, empêchée de voir par ses œillères, craignant toujours qu'il ne se glisse quelque cheval dans le diocèse et surtout à l'archevêché et que cet être de race supérieure n'attire les regards et ne dérange les habitudes. Tout ce qui a quelque air de science ou de nouveauté est suspect et mis impitoyablement à l'ombre et à l'écart, qu'il s'agisse de théologie, d'exégèse, de droit canon ou d'administration.

Il va sans dire que l'Archevêque s'est entouré soigneusement de gens qui lui ressemblent, au moins par la nullité. Pas un homme qui sorte tant soit peu du commun en quelque chose. Je ne pense pas qu'on trouve en France un seul évêché où le niveau soit plus bas. Des ecclésiastiques de mœurs correctes, mais pas une tête qui dépasse les autres. On

n'y voit même pas cette aisance de manières que l'atmosphère de la capitale et l'obligation de traiter avec toutes sortes de personnes devrait donner et qui d'ailleurs ne
prouve pas grand'chose.

Les plus forts ne vont pas au delà d'une
certaine routine administrative, toute mécanique et bureaucratique. Aucune vue élevée ;
aucune connaissance du mouvement contem-
porain chez nous ou au dehors et des travaux
récents, pas plus des objections que des réponses. Dans les cas embarrassants, on consulte un manuel ou un dictionnaire et on va
« au petit bonheur ».

Je n'oserais point juger ainsi, si ce n'était
pas l'avis de nos Pères, sans exception, et ils
l'expriment en termes d'une énergique familiarité.

Le petit nombre de prêtres instruits que
l'on pourrait citer sont presque tous hors des
cadres et plus ou moins suspects ou disgra-
ciés.

Pour l'attribution des postes, l'Archevêque
ne consulte guère le savoir ou la piété; il
n'admet que deux genres de recommandation :
l'argent et les femmes. Presque toutes les
cures considérables sont à des prêtres riches
ou recommandés par de belles et grandes

dames. Voilà un concours et des règles que le droit canon ne connaissait pas.

Quelques Pères, au courant des dessous de ces nominations, ne tarissent pas en anecdotes amusantes ou croustillantes. Les œuvres à soutenir servent de prétexte à ces pratiques déplorables.

On pardonne cette faiblesse à l'autorité; mais on lui garde plus de rancune du système d'inquisition et d'espionnage qu'elle a organisé autour de chaque prêtre. Les jeunes surveillent les vieux, les-petits dénoncent les grands. Dans chaque paroisse quelque vicaire fait ainsi le métier de rapporteur. De là, malaise...

Les dévotes surtout sont redoutées. Comme tous les petits esprits et tous les myopes, l'Archevêque veut voir les choses de près, s'occupe de détails minimes qui lui cachent l'ensemble et décide beaucoup par lui-même, à tâtons, suivant les caprices de l'heure ou les préjugés, quelquefois d'après les inspirations présumées du Saint-Esprit. Ces lumières remplacent les informations loyales et les examens canoniques.

Les ressources de l'Archevêché de Paris sont presque illimitées; le casuel s'élève à un million, assurent des gens qui peuvent être bien informés. Il est vrai que les charges sont nombreuses et lourdes. Monseigneur a la réputation d'être charitable ; mais les aumônes sont jetées à tort et à travers et il y a beaucoup de coulage. Les rats pullulent dans le budget diocésain et le grignotent en silence, sans que personne songe à leur donner la chasse. Il y a si longtemps qu'ils vivent en paix dans leur coin qu'ils s'en croient légitimes possesseurs, au moins par prescription.

Cette absence d'initiative et cette vulgarité intellectuelle expliquent le peu d'influence qu'exerce le clergé parisien. Aux yeux du public qui s'estime quelque peu relevé, ce clergé n'existe guère que pour les baptêmes, les mariages et les enterrements. L'idée de se préoccuper de ce qu'il pense sur les graves questions qui s'agitent quotidiennement ne vient à personne. C'est une quantité négligeable. Quelques bons prêtres ont une certaine action autour d'eux, mais elle ne dépasse pas un cercle étroit de petites gens et de dévotes; aucune voix qui s'impose ou se fasse du moins écouter.

Vous désirez évidemment que je vous dise un mot de la moralité. C'est bien délicat. Sans ajouter foi à tout ce qui se débite, il y a évidemment beaucoup de misères; les occasions sont si nombreuses et les tentations si pres-

santes!... Mais la plus grande, à mon sens,
est le manque de foi et l'esprit de lucre. Beaucoup de prêtres d'origine parisienne sont fils
de concierges ou d'ouvriers, élevés par charité dans les petits séminaires; ils gardent de
cette première éducation quelque chose de
servile. Ils n'ont pas trouvé dans leur famille
la solidité de croyances et les pratiques de
piété qui ont entouré l'enfance et imbibé l'âme
de presque tous nos prêtres de province. Le
scepticisme ambiant, les lectures, les fréquentations, l'ignorance de la religion et de ses
preuves, ont réduit parfois à bien peu de
chose le *Credo*. Je sais par expérience personnelle que plusieurs n'admettent pas l'éternité des peines de l'enfer et la nécessité de la
grâce. Même lorsque les apparences sont
assez bien sauvegardées, il n'y a pas de vie
surnaturelle, de zèle et de dévouement apostolique.

Et les religieux? Ils sont évidemment supérieurs, dans l'ensemble, au clergé séculier,
non peut-être par le talent naturel, mais par
la formation et la discipline. Pourtant ici encore, quelle déception, lorsqu'on arrive avec
un certain idéal, non seulement dans les petites
congrégations, qui vivotent comme elles peuvent, mais dans les ordres les plus fiers! Lors

que nous nous reverrons, je pourrai vous donner certains détails qui vous édifieront ou plutôt qui vous étonneront. Mais je m'aperçois que ma lettre est bien longue et j'entre dans un terrain où les pieds brûlent.

Adieu donc, mon Révérend et cher Père, je me recommande à vos prières et à vos SS. SS.

R^æ V^æ servus in X^{to}

H. V.

S. J.

CX

Chère amie,

Vous désirez donc avoir des nouvelles de notre retraite ; et moi je grille de vous en donner ! Elle n'a pas été banale, comme vous verrez.

On nous avait promis le R. P. de C… ; c'est le P. H. V… qui nous est arrivé. Jugez s'il a été bien reçu ! L'accueil a été d'autant plus frais que nous voulions manifester notre mécontentement de nous voir traiter avec cette désinvolture. On ne livre pas ainsi des âmes de choix au premier venu.

Du reste, le P. H. V... est bel homme et pas sot. Sa parole originale et incisive aurait fait impression, mais on se raidissait. Il s'en est vite aperçu.

Vers le milieu de la retraite, coup de théâtre; il nous déclare qu'il sent bien qu'il ne nous plaît pas; il va donc changer de sujet et de ton; peut-être sera-t-il moins malheureux. Et il entame un apologue.

C'était chez les Oblats. Les affaires n'allaient plus. Le Supérieur réunit son conseil et demande aux Pères quels sont, à leur avis, les moyens qui pourraient ramener le public à la chapelle, aux confessionnaux et au parloir. Il y va de la gloire de Dieu et aussi des intérêts de la maison, même du vestiaire et de la cuisine.

Interrogé le premier, le P. Picotin se lève et dit :

— Je pense, mon Révérend Père, qu'un excellent moyen de revoir chez nous affluence et abondance, ce serait de nous donner à tous une particule nobiliaire !

— Comment cela ? Quel rapport ?...

— Rappelez-vous, mon Révérend Père, ce qui s'est passé au moment des expulsions? Tous les Pères nobles ont été immédiatement hébergés dans les châteaux des environs et dans les hôtels de la ville : Le Père de la Lézardière, le Père de la Ménardière, le Père de la Muselière, etc. Vous n'en aviez pas assez pour contenter les familles bien pensantes. Pour moi qui ne suis que le P. Picotin, personne n'était pressé. A la fin, pourtant, une vieille fille eut pitié de moi, et peut-être de vous, et vous offrit de me donner l'hospitalité. Je fus reçu sans enthousiasme et sans façon... Quelques jours après, j'allais rendre visite au R. P. de la Renardière, mon proche voisin ; les visiteurs étaient nombreux et huppés. Il y avait un registre dans l'antichambre. Un bon et gros capucin me précédait. Il écrivit : *R. P. Alphonse de Pestana*. Une dame élégante, qui avait lu par-dessus son épaule, l'accueillit aussitôt d'un gracieux sourire. Malgré ma simplicité, je vis bien quel en était le motif. Je me souvins alors que j'étais né à Mirande, dans le Gers, et je traçai en gros caractères un *R. P. Picotin de Miranda*, tout à fait héraldique. On crut que j'avais la grandesse espagnole et des châtelaines qui ne m'avaient pas honoré d'un salut jusqu'alors, vinrent me faire la révérence et me serrer la main. Je fus invité à venir dire la messe et à dîner. La charité condescendante de mes hôtes devint de la vénération. J'avais été convenablement nourri, je fus choyé. La métamorphose agissait sur moi-même. Je me sentais moins timide et moins gauche, sûr qu'on trouverait dans mes moindres gestes des grâces cachées. Tout alla de mieux en mieux jusqu'à ce qu'un sot incident vint me dépouiller de ma noblesse et me rendre simple P. Picotin. Tout rentra vite dans le train accoutumé... Il me semble que la morale de mon histoire est facile à tirer.

Ayant ainsi parlé, le P. Picotin s'assit et le Supérieur interrogea le P. Trouillefeu. Celui-ci répondit en ces termes :

— Le P. Picotin a bien parlé et le moyen qu'il indique est bon. J'en proposerai un autre qui n'est pas, du reste, opposé au sien. Ce serait de dire ou de laisser croire que nous avons occupé, avant d'entrer dans la Société, des postes considérables, magistrat ou officier, par exemple; c'est très bien porté. J'en suis un exemple vivant.

Vous aviez pris l'habitude de m'appeler « capitaine » parce que j'avais été dans les sapeurs-pompiers. A ce propos même l'un de

vous avait parodié un vers de Racine et il me
faisait dire que

J'allumai plus de feux que je n'en éteignis.

Une dévote du P. de la Fumisterie m'enten-
dit un jour appeler « le capitaine » et demanda
pourquoi.

— Mais tout simplement parce qu'il l'a
été, lui répondit-on, sans y mettre de la
malice.

Avant le coucher du soleil, la nouvelle avait
fait le tour de notre clientèle. Je m'en aperçus
bien le lendemain, au parloir et au confessionnal. Je ne passais point jusque-là pour un
grand orateur et un habile directeur ; on n'a-
vait même pas remarqué que je suis d'une assez belle taille. Dès ce jour, on trouva une
saveur militaire à mes plus brèves allocutions
et mes conseils eurent une efficacité merveil-
leuse. Tout le monde en voulait. Je n'avais
plus besoin de longues préparations. Mon embarras même était éloquent ; on se disait tout
bas, lorsque je bafouillais, « que je serais
plus à mon aise à la tête de mes hommes ».
Bref, je connus les douceurs et les dangers
de la vogue. Une de mes pénitentes, déjà
mûre et boulotte, m'avalait des yeux partout

où je paraissais. Elle me dit un jour après avoir rougi comme une pivoine et soupiré comme une forge :

— Oh ! mon Révérend Père, que vous me faites de bien ; votre seule présence est une prédication ; en vous voyant en chaire, je songe à ce bel uniforme que vous portiez autrefois, à ces galons et à ces épaulettes d'or étincelant au soleil, à ce képi...

— Je n'ai jamais porté de képi.

— Un casque, alors !

— Mais oui !

— Dans les lanciers ou les dragons, sans doute ?

— Mais non, dans les pompiers.

— Dans les pompiers ? Oh ! très bien, très bien !

Malgré ces « très bien », je vis parfaitement que le charme était rompu et qu'un seau d'eau froide venait de tomber sur l'enthousiasme. Ma visiteuse me quitta vite. Sans grand effort d'imagination, je l'entendais, répétant à l'oreille de ses connaissances et amies :

— Dans les pompiers, ma chère, dans les pompiers !

— Dans les pompiers ! Lui !... Pouah !...

Et ce fut fini ; toutes s'enfuirent. Quelques servantes que j'avais un peu négligées au temps de mes grandeurs me restèrent fidèles ; mais, sur celles-là même, je n'avais plus mon prestige. Les pauvres filles semblaient me faire grâce en s'adressant à moi. Je ne reçus plus de cadeaux.

Mon expérience est assez concluante, n'est-ce pas ? Elle prouve combien il est avantageux de se créer une belle légende et aussi, hélas ! combien il est facile de la ruiner par une imprudence.

— Père Trouillefeu, dit le Supérieur, vous avez bien parlé et nous tirerons parti de vos remarques ; asseyez-vous.

D'autres Pères furent successivement interrogés. L'un voulait qu'il y eut beaucoup moins de catéchisme, de dogme, d'écriture sainte, dans les sermons et que l'on y introduisit plus de « modernité », des tirades politiques et sociales, des attaques contre le gouvernement, des invectives contre l'ancien régime, contre les riches et les patrons. Il faut aller au peuple et à l'ouvrier, pour que le peuple et l'ouvrier, ces souverains modernes, viennent à nous.

On trouva des inconvénients à ce système qui donnerait tout au plus le nombre sans la qualité.

Un autre proposait d'égayer la chaire, le confessionnal et le parloir en éloignant ce

qui sent l'austérité, en chatouillant les faiblesses de l'auditoire par des descriptions
vives, des détails piquants, des digressions
sur les habitudes mondaines, les fêtes, les
spectacles, la presse, les vices du jour. A son
sens, il fallait adapter la langue du boulevard
et des romans à la prédication parisienne.
L'orateur ne devait même pas reculer devant
les mots crus et cruels. Les femmes aiment à
être déshabillées, même pour être fustigées.
Les Pères de l'Eglise, saint Jean Chrysostôme
par exemple, ne se gênaient pas pour parler
théâtres, courses, toilettes, alcôves, divorces.
En saupoudrant le tout de quelques textes de
l'Evangile, on pouvait le faire accepter. N'est-
ce pas de là que beaucoup de prédicateurs et
d'écrivains religieux tirent leur succès et leurs
rentes? Transporté à l'église et dans la chaire,
le scandale n'en serait que plus affriolant. On
pourrait à la suite glisser de bonnes vérités.
On ne parlerait pas au moins devant des
chaises ou des servantes. Le beau monde
accourrait en foule.

Le Supérieur promit de réfléchir.

Toute cette première partie du discours a
été admirable de verve, de naturel et de vie.
Il fallait entendre les dialogues et les intona-
tions. A certains moments, il y avait tant de

bonhommie qu'on était entraîné et qu'on croyait vraiment que c'était arrivé. Et tout à coup l'ironie pleuvait et ramenait à la réalité.

Dans la seconde partie, le P. H. V... s'en est pris directement à l'auditoire. Il lui a suffi d'un petit mouvement pour braquer sur nous toute son artillerie. L'exécution a été rapide, complète, brillante. Le Père s'était bien documenté, s'il n'est pas devin. Les *meneuses* ont été fustigées au vif sur toutes les faces et les zébrures marqueront longtemps.

Le prédicateur a commencé par dire qu'il ne fallait pas juger les gens sur le nom ni sur le visage, encore moins sur des bavardages de perruche, mais sur la valeur personnelle, sur le savoir, la vertu et les actes. Dans le prêtre, en particulier, il était odieux de s'arrêter à des futilités et de ne pas voir uniquement ou du moins principalement le ministre de Dieu. Nous-mêmes, anciennes élèves du Sacré-Cœur, nous avions intérêt à être jugées sur notre conduite plutôt que sur notre réputation.

Au dire de beaucoup de personnes, qu'est-ce qu'une élève du Sacré-Cœur ? Une ignorante, dont la tête est farcie de niaiseries, de petites pratiques, de fadeurs, de préjugés; un petit animal égoïste et vaniteux qui croit que la vie est donnée pour faire la roue et attirer les regards des imbéciles. Combien de ces poupées vivantes se préoccupent infiniment plus du chapeau que de ce qu'il y a dessous, de la robe que de ce qu'il y a dedans! Rien de sérieux ne peut se loger dans ces têtes de linottes, rien de grand dans ces cœurs pleins de leurs petits plaisirs, de leurs petits mérites, de leurs caprices, de leurs jalousies, de leurs ambitions et de leurs dépits. Le moindre vent fait tourner ces girouettes. Ces vertus à fleur de peau, tout extérieures, ne peuvent résister à un souffle de printemps. Les sept péchés capitaux entrent dans ces corps et dans ces âmes avec une stupéfiante facilité et s'y trouvent chez eux. Hier encore, pensionnaires en apparence candides, aujourd'hui jeunes filles provocantes sous des mines effarouchées, demain épouses infidèles, mères radicalement incapables d'honorer leur foyer et d'élever leurs enfants, allant du confesseur à l'amant, de la table de communion au bal et ne mettant de différence entre les rites de la religion et ceux de la galanterie, entre les œuvres de piété et les rendez-vous clandestins, que la différence du costume, du jour et de l'heure, trop irréfléchies pour avoir des remords.

Voilà quelques-unes des choses qu'on dit de

vous, Mesdames, et, pour résumer cet ensemble, l'argot a trouvé un terme expressif dans sa trivialité brutale. On vous appelle irrespectueusement : « Les petites oies du Sacré-Cœur ».

Tout cela est faux, calomnieux, n'est-ce pas?

Vos Mères vous ont donné dans cette sainte maison une instruction solide, une éducation distinguée, des convictions et des croyances inébranlables. Vous avez un idéal de vie et un ressort intérieur pour y tendre à travers les obstacles. Si vous vous prêtez à la mode et aux convenances, vous ne vous laissez gouverner que par la raison, le bon sens, la foi. La vérité, la vertu, l'honneur, voilà les mots qui vous font tressaillir. Vous avez le sens et l'amour du devoir quel qu'il soit, dans la famille et en public, devant votre conscience et devant Dieu, et, pour le remplir jusqu'au bout, les sacrifices ne vous font pas peur. Créatures raisonnables et chrétiennes, ayant une âme immortelle et faite pour connaître et posséder Dieu, vous rougiriez de prendre le mot d'ordre de vos sens affolés, de vos rancunes de caste, de passions inavouables de coterie et de parti pris. Le témoignage de votre conscience est si expressif et si clair que vous ne vous sentez même pas blessées par les misérables propos qui bourdonnent à vos oreilles. Vous marchez tête levée, non point par inconscience, mais par noble assurance.

Rien n'est facile et même doux pour quiconque a l'âme un peu haute comme de mépriser les dires et les agissements des sots. Non seulement on pardonne, mais on est saisi de pitié, car il y a dans ces injures plus de bêtise que de malice.

Quelques meneurs se mettent en avant par vanité, les autres suivent sans savoir pourquoi et sans se demander où on les conduit. Qui aurait le courage d'en vouloir à ces natures moutonnières ? On essaie de les ramener doucement, si c'est possible ; si l'affolement est trop fort pour qu'on puisse faire entendre raison, on se console en se disant que le mal n'est pas grand, parce que la réflexion et la responsabilité manquent et l'on répète secrètement la prière de Jésus : « Mon Père, pardonnez-leur, car ils ne savent ce qu'ils font ». C'est la conclusion pratique qu'il convient d'emporter de cet entretien. Ainsi soit-il !...

.   .   .   .

Je viens de relire cette longue épître et j'en suis très mécontente ; elle ne vous donnera pas une idée de cette séance. Toute cette drôleric était étincelante, armée d'allusions, de traits barbelés, de sarcasmes. Nous étions haletantes; pas un souffle. Les Révérendes Mères présentes baissaient la tête et regardaient en dessous. Voilà pour Mme X...; voilà pour Mlle Y...; et tout d'un coup on se sentait touché au bon endroit; on aurait dit que ce diable de Père devinait la plaie vive et prenait plaisir à la gratter.

Ne croyez pas qu'on lui en veuille. Les femmes ont aimé de tout temps à être battues.

Nous avons tenu bon jusqu'au bout dans notre mutinerie, par respect humain; mais nous étions matées et séduites. J'ai envoyé ma carte au P. H. V... avec un mot approprié aux circonstances; beaucoup d'autres ont fait comme moi. Si on nous donne encore le bon Père, ce sera un triomphe.

Pardonnez-moi cette interminable lettre, et croyez-moi toujours, chère amie,

Votre cordialement dévouée,

LUCIE DU B... DE G...

IMPRIMERIE DE POISSY — LEJAY FILS ET LEMORO

AIMÉ GIRON & ALBERT TOZZA

L'AUGUSTULE

Voilà une œuvre de premier ordre et qui, dans un pays où l'on aurait le goût de ce qui est réellement beau serait assurée d'un succès éclatant.

Les auteurs de l'*Augustule* possèdent, avec un remarquable talent littéraire, les qualités spéciales qui sont indispensables pour écrire un roman historique : l'érudition très sûre, le sentiment de l'âme antique.

J'ajoute que ce qu'il y avait de dramatique et de pittoresque dans le sujet choisi par eux — la décadence romaine, la mêlée des races qui se disputent le monde — ils l'ont merveilleusement compris et traité, en historiens et en artistes. Telle de leurs pages, par exemple la mort de la courtisane Thargélie dévorée par des ours, est presque digne de Flaubert, du Flaubert de Salammbô.

Henri d'Alméras. (La Presse).

Extrait de *L'Augustule* :

Au-dessus du Palatin, le ciel latin, dans l'infini tranquille de son azur scintillant d'innombrables étoiles, se déroulait profond et superbe.

Bientôt, par l'avenue de droite, qui aboutissait au bassin de la muse Clio, déboucha un second flot de Barbares. Ce flot entraînait avec lui un enfant à cheval derrière lequel se pressait, plus tumultueuse toujours, la foule.

L'enfant chevauchait majestueusement, triomphalement. Le cortège avait contourné les jardins et venait se masser, à l'entrée du Palatin, avec le palais en face, là-bas. Cet enfant était l'Empereur. Le cheval qui le portait, gris et vieux, avançait péniblement, tête pendante sous sa longue crinière tressée en nombreuses nattes qu'emmêlaient des fils d'or. Il était harnaché et paré de splendeurs. Un collier de rondes phalères d'or, cerclées de pierreries, retombait et flottait sur son poitrail. A droite et à gauche, Oreste et Métrodore, une main à son mors, marchaient avec une solennelle lenteur, mesurant leurs pas au pas de l'animal étrange.

Précédaient ce groupe équestre, en cadençant le battement de leurs caliges de bronze sur le sol, quelques gardes germains de l'empereur Julius Népos, glaive à la main et bouclier au bras.

A ce spectacle, une acclamation formidable monta de tous les points du Palatin :

— Vive l'Empereur!!!

Celui qui commandait l'escorte de gardes germains précédant le nouveau César, clamait et répétait d'une voix de stentor :

— Place au cheval d'Attila! Latins, citoyens, plèbe, place!! Gloire à Notre Seigneur Romulus-Auguste, Pieux, Heureux, Auguste!!!

Romulus-Auguste avait pu, enfin, arriver entre les deux bancs de marbre et la rangée des Termes. Oreste et Métrodore avaient tourné, face au palais, le cheval qu'ils tenaient toujours au mors.

Le coursier du roi Hun sentit peut-être passer dans ses flancs vieillis, après un quart de siècle de repos à sa mangeoire, quelque antique frisson de ses vaillances d'autrefois. Il essaya de creuser le sol du sabot, de lever sa tête pesante, de porter beau et de s'ébrouer, tandis que les acclamations recommençaient enthousiastes et ininterrompues.

En même temps, sur le Palatin, des jardins d'Adonis au palais des Césars, les trompes et les buccins éclataient à la fois en sourds rugissements et en fanfares sonores. Romulus était là, debout, comme une idole sous les ornements des prêtres et les invocations des dévots. La sueur le trempait aux reins sous ce manteau de pourpre trop long, et lui perlait au front sous ce diadème de métal trop lourd. Il semblait que pesât sur lui cette moitié du monde qu'était l'Empire d'Occident. Mais l'Empereur... il voulait l'être jusqu'au bout.

VICTOR MAUROY

SATAN-DIEU

Malgré son titre, — un peu surprenant, — ce livre, dû à la plume d'un de nos plus savants philosophes, est une œuvre de piété, de foi et de lumière.

Il apporte la preuve — *jusqu'ici toujours attendue* — de l'existence de Dieu. Il donne à Dieu son vrai nom.

Il le montre dans son incomparable majesté et dans sa réelle grandeur, vertigineuse.

La création *ex-nihilo* s'y déroule à nos yeux.

L'Infini et l'Absolu y deviennent l'objet d'une connaissance complète et précise.

Nous savons, désormais, la véritable nature et l'exacte genèse des êtres et des choses. L'explication du Mal est, enfin, fournie d'irréfutable façon.

Les vérités éternelles qui supportent et sur lesquelles sont fondées les Religions et les Sciences humaines, sortent du vague et du fabuleux, et apparaissent dans tout leur éclat.

Aux *croyances*, enveloppées d'ombres et de mystères, qui, jusqu'à ce jour, ont bercé l'anxiété de l'humanité, succède une *certitude* pleine de netteté et de magnificence.

16.

Nous connaissons et le pourquoi, et le comment, et le but, et la cause finale de l'évolution universelle.

Les théories sur le Possible, les Contraires, l'Absolu, les Universaux, la Continuité et la Discontinuité, l'Infini et le Fini, etc., etc., sont destinées à rectifier profondément nos vues sur les plus hauts sujets de la spéculation théologique et philosophique.

Celles relatives à la Vie, à la Mort, à l'Éternité, au Temps, à la Causalité, à l'Espace, au Mouvement, à l'origine des Espèces, à l'Idéologie, à la Sensibilité, à l'Ame, à l'androgyne Adam-Ève, à l'Astronomie, etc., sont pour révolutionner la Science tout entière et pour l'enrichir d'éclaircissements inattendus.

Quelques lignes extraites des critiques parues dans :

Le Journal de Médecine de Paris.

On annonçait dernièrement que la vérité était en marche ; m'est avis que la voilà débarquée. Le xxᵉ siècle commence bien ; par ma foi, le lever de rideau est grandiose. Comme vous tous, chers confrères, j'étais foncièrement sensualiste, positiviste, empirique, que sais-je encore ? Bacon, Locke, Auguste Comte, Darwin, Spencer, Büchner, étaient les seuls dieux par qui je jurasse ! La matière, ses propriétés, ses progressives combinaisons et transformations, étaient les seuls articles de la foi que je me plusse à professer. Or, voici, d'un coup, mes idoles gisantes et mes croyances bouleversées ! Trente chapitres d'un livre, qui ont été pour moi trente surprises, ont passé comme la foudre dans mon temple et en ont saccagé les autels. Le mot de Polyeucte est sur mes lèvres ; il sera sur les vôtres, demain.

Ce livre, *Satan-Dieu*, par des procédés nettement scientifiques, et dans une langue incisive et précise, nous démontre, de manière irrécusable, que l'espace infini, objet de l'assentiment unanime, n'existe pas, n'est pas réel, ne peut pas du tout exister réellement ; qu'il est un pur mirage, une parfaite illusion ! D'où, l'espace cessant d'être réel et passant à l'état de concept, de phénomène imaginaire, il s'ensuit que la matière, cette bonne matière à laquelle nous étions tant attachés, est impossible et devient, pareillement, illusoire et imaginaire !

Ne vous moquez pas ; ceci est le *credo* de demain, à la confusion de beaucoup ; car, cette double affirmation fondamentale est appuyée de raisons et de preuves sur lesquelles s'émoussera n'importe quelle tentative de réfutation.

Conséquemment, les mondes, les univers, les astres, les continents, les cités, les êtres deviennent les décors cinématographiques d'un Rêve prodigieux : le Rêve éternel, divin, et projecteur de l'Être unique, éternel, et seul pensant, dont les seules idées, objectivées, réalisent sur la toile du temps, l'imagerie miraculeuse de la création incessée et incessante. Celle-ci est radicalement immatérielle, entièrement spirituelle ; elle est une idéation, une spiration éternelle, successive, et sans fin.

L'emballement ne m'est guère coutumier, mais je ne crois pas m'aventurer en mettant au défi qui que ce soit de citer ou d'inventer une doctrine plus admirablement vaste et plus belle que celle qui vient de me séduire et de me transporter dans l'empire du miracle et de l'enchantement !

Et maintenant, quel est l'Être idéant, créateur mental de ce merveilleux panorama, plein de vie et de grandeur ; de cette magique procession d'êtres et d'événements sur le fond poétique et passionnant de l'histoire? Ah! voici une théologie bien originale. C'est Satan! Satan, c'est Dieu, l'imparfait qui monte, par les degrés des siècles et des beautés toujours grandissantes, vers là suprême perfection et qui, d'abord fauteur du mal, par nécessité logique, s'élève, insensiblement, vers le bien infini, vers le beau infini, devenant progressivement, et de plus en plus, Dieu, le Dieu sublime et victorieux, ouvrant devant nous, par cette lente et majestueuse ascension, des horizons et des perspectives constamment plus magnifiques; réalisant, en un mot, le progrès éternel et sans fin!

Je voudrais bien vous résumer encore les profondes et neuves vérités qui nous sont dévoilées sur la morale, le temps et l'éternité, le mouvement, etc., mais ce serait tâche trop longue. Cependant, je tiens à vous signaler celles qui viennent jeter une clarté intense sur l'origine des espèces, le transformisme, l'évolution, l'idéologie, *la Médecine*, la création, l'astronomie et l'étonnante unicité des êtres qui constituent apparemment chacune des espèces, alors qu'en résumé ce n'est qu'un seul et unique être passant, métempsycosiquement, à travers tous les individus et tous les emplois.

Tout cela est hors de pair, vrai d'une vérité indéniable, et sera, avant peu, à l'abri de toute contestation. Et cela sera bienfaisant. Pour tout observateur impartial et libéré de ces sectarismes qui font boîter notre raison, il est manifeste que le monde se disloque, que rien n'avait satisfait notre besoin de vérité, et que l'humanité s'agitait et s'énervait dans l'ennui triste de son attente et de son doute.

Or, ce livre qui contient et apporte la vérité, qui révèle la perdurabilité des êtres, de nous tous, et montre la mort n'ayant d'autre rôle que de tourner les pages pour le rajeunissement perpétuel de la vie, sera la foi et le salut, social et scientifique du genre humain.

Cette doctrine de l'immatérialité de l'univers, du mentalisme, de la spiritualité universelle, est d'une richesse, d'une portée, d'une fécondité indicibles. La politique et la science en tireront d'incalculables fruits.

Lisez, étudiez, connaissez, et je demeure exempt de la crainte de voir n'importe qui d'entre vous démentir et railler mes assertions.

Dr Minime.

A.M.D.G.

www.ingramcontent.com/pod-product-compliance
Ingram Content Group UK Ltd.
Pitfield, Milton Keynes, MK11 3LW, UK
UKHW022326090726
13658UKWH00001B/107